お客様の心をつかむ

魔法のほめ言葉事典

仲亀彩

M U NO
HOME KOTOBA
JITEN

はじめに

「ほめる」は世界に通じるおもてなしの基本

私は、都内にある外資系一流ホテルの鉄板焼レストランでカウンターシェフをしています。

カウンターシェフというのは、ちょっと耳慣れない言葉かもしれませんが、お客様の前に立って、接客しながら調理をするという仕事。お客様の前に立っているため、黙々と料理だけを作っているというわけにはいきません。おいしい料理を提供するのは大前提で、お客様との会話や洞察によってお客様にとって居心地のよい空間、トータルでの「楽しい食事の時間」を提供する必要があります。

全世界で展開する高級ホテルグループであるため世界各地からグループでご利用いただいている海外のお客様や、国内外問わず社会的ステータスの高いお客様もたくさんいらっしゃいます。それだけ多様なコミュニケーション能力が求められます。

このような仕事をする上で、私がもっとも大切にしていることとは何でしょうか?

――それは「ほめる」ことです。

我々の仕事は料理の提供ですので、調理技術の向上や、その他諸々の接客スキルももちろん大切です。でも、あえて1つに絞るとすると、「ほめる」ことが、すべてのおもてなしの基本になっていると私は思っています。

実際、そうした考えに基づいて接客した結果、ご満足いただき、リピーターになってくださったお客様もたくさんいらっしゃいます。そうしたお客様の中には、国際的に活躍されている方も少なくありません。またアメリカやシンガポールに渡り、接客するとき、そしてスタッフ同士のちょっとしたやり取りにもほめることは、大いに役立ちました。

「ほめる」はグローバルスタンダードな、人とのコミュニケーションの基本なのです。

ほめ上手になれば、仕事だけでなく人生ぜんぶが楽しくなる

そして、「ほめる」ことが効果を発揮するのは、接客の場面だけではありません。

部下や子供を「ほめて育てる」ことの大切さは、今や常識になっているといえるでしょう。

それだけでなく、職場やプライベートでの人間関係も、「ほめる」を基本にすると円滑にコミュニケーションできるようになります。

昨今は「コミュニケーション能力はビジネスマンの必須スキル」といわれるようになっていますが、その中でもほめる能力は特に重要です。

ほめ上手になれば、それだけでいろんなことがいい方向に進むようになります。たった一言放つだけでその人との関係が驚くほど良好になり、人間関係がスムーズになって、人生が楽しくなります。

その効果は、私自身が身をもって実感しています。

人見知りで口下手だった私が18年間集め続けたほめ言葉のボキャブラリー

ただ、ほめることの大切さは理解していても、いざ誰かをほめようとすると言葉が出てこない、何をどうほめれば良いのかわからない……という方もいらっしゃると思います。

その気持ちは、とってもよくわかります。

なぜなら、実は私自身が、以前は人見知りで、口下手だったからです。特に高校3年生の時はひどく、学校で誰かから話しかけられても一言も話せないということもよくありました。

そんな私が変わるきっかけとなったのが、15歳から始めた飲食店での接客の仕事でした。もちろん最初はまったくうまくできませんでしたが、仕事である以上、「できない」で済ませるわけにはいきません。つたないながらも試行錯誤をして、どうすれば上手に接客できるか、お客様に満足していただけるかを考え続けてきました。

そんな中でわかったのが、「ほめる」ことの大切さだったのです。

ただ、それがわかっても、すぐにうまくできるようにはなりませんでした。なぜなら、私は要領が悪く、得意なこともなかったので、幼いころから、あまりほめられた記憶がなかったからです。そのため、「どうほめればいいのか」がすぐにはわかりませんでした。

そこで、私が取り組んだのが、接客ノートを取ることでした。担当したお客様の簡単な特徴と共に、どんなことがお好きなのか、どうほめたら喜んでいただけるかを、ひたすらメモすることにしたのです。

以来19年間、様々な接客業を経て、延べ10万人以上のお客様と会い、お話をさせていただき、ほめ方のバリエーションを増やしてきました。そうやって集めてきた膨大なほめ言葉のボキャブラリーの中から、特に使いやすいもの、効果を発揮しやすいものを厳選してまとめたのが、この本なのです。

まずはひとつでもいいので、ほめ言葉を覚えて、使ってみよう

本書では、たくさんのほめ言葉を「何をほめるか」で分類し、事典の形式で紹介しています。

ですから、頭から順番に読んでいく必要はあ

りません。まずは、どんな言葉が載っているのかパラパラとページをめくって確認してみてください。

そして、気になる項目があれば、そこから読んでみてください。どこから読んでもすぐに使えるフレーズが満載です。

大切なのは、まずは1つでもいいので、ほめ言葉のボキャブラリーを増やすこと。そして、それを実際に使ってみることです。

相手は誰でも構いません。お客様でも、仕事場の同僚でも、家族や友人でもいいので、覚えたほめ言葉を伝えてみましょう。

そうして、「今度はこのほめ言葉を試してみよう」「次はこう言ってみよう」とチャレンジを繰り返すうちに、あなたの中のほめ言葉のボキャブラリーが増え、いつの間にかほめ上手になっているはずです。

この本が、少しでもあなたのお役に立てることを祈っております。

2018年10月　　仲亀　彩

第2章

顔まわりをほめる

第3章 身体的特徴をほめる

第4章 行動・性格・雰囲気をほめる

Magicaal compliments

第1章

身につけているものをほめる

着ているもの、持っているものをほめるのは、定番ですが、いちばん効果的。特に、奥ゆかしい性格の人が多い日本人は、自分自身のことをほめられると照れてしまいますが、自分の持ちものに対するほめ言葉なら、素直に受け入れやすい傾向があります。

Magical compliments

1

アイテム

財布・名刺入れ

お財布はほとんどの人が持っていますから「ほめたいけれど、何をほめていいかわからない」という人におすすめです。それに、財布や名刺入れは、どんな人でも一定の期間は使うもの。その間、ほめられたことを何度か思い出してくれるかもしれませんよ。

スタンダードなお財布・名刺入れの場合

素敵ですね

例えば
こんなフレーズ

- 「○○さんのその革の名刺入れ、素敵ですね」
- 「○○さんのお財布、センスがいいですね。素敵です」

お財布や名刺入れをほめる時の、万能のほめ言葉。それは「素敵ですね」というものです。

「素敵ですね」というほめ言葉は主観的な言葉ですから、たとえどんなものであっても、自分が素敵だと感じたものに対して使えます。そこがポイントです。相手のお財布や名刺入れが、必ずしも高級品やブランドものである必要はないのです。色でも形でも、あなたが見て「いいな」と思ったものであれば、このほめ言葉が使えます。

その際、「その色、私も好きです」「とてもスマートで格好良いです」など、どんなところを素敵だと思ったのかを付け加えると、より効果的でしょう。

使い勝手が良さそうですね

珍しい作りのお財布・名刺入れの場合

例えば
こんなフレーズ

● 「○○さんのお財布、小銭が取り出しやすそうで、使い勝手が良さそう！」
● 「○○さんのその名刺入れ、サッと出るところが使いやすそうで、いいですね」
● 「○○さんのお財布は、機能性高そうだなあ」

お財布や名刺入れをほめる際には、「使い勝手がいい」「機能的」といった点に注目するのも効果的です。

お財布や名刺入れは「アイテム」ですから、使い勝手や機能にこだわる方も少なからずいます。そのこだわりをほめるのです。

相手がお金や名刺をサッと出した時こそ、このほめ方を使う絶好のチャンス。取り出しやすそうだったり、珍しい形をしていたりしたら、すかさず「使いやすそうですね」と伝えてみてください。

年月が感じられるようなお財布・名刺入れの場合

愛用されていますね

例えば
こんなフレーズ

●「○○さんのお財布、いつも素敵だなと思っていました。長く愛用されているのがわかります」

お財布は、毎年買い換える方もいますが、1つのものを長く使う、愛用する方もいます。その愛用具合をほめるのも効果的です。

気に入っている財布や名刺入れは、年月が経つにつれ、愛着が湧くもの。そんな愛着があるものをほめられると、あなたも嬉しいのではないでしょうか。

それに、1つのものを大事にし、きちんと手入れして丁寧に使っている、そんな相手の人柄をほめることにもつながります。

特に革製のものは、使うごとに光沢が出てきたり、折れ目が出てきたり、だんだんその人の使い方によって、少しずつ形も変わってきます。そうしたお財布や名刺入れを目にしたら、このほめ言葉を使ってみてください。

Magical compliments

2

アイテム

鞄

鞄もお財布と同じくらい、ほとんどの人が持っていますので、ほめやすいアイテムです。また、男性でも女性でも、それぞれこだわりを持っていることが多く、その意味でもほめやすいといえるでしょう。

褒めかた

デザインや素材に特徴がある鞄の場合

おしゃれですね

例えば
こんなフレーズ

- 「○○さんのバック、デザインがおしゃれですね」
- 「○○さんのバックは、元気が出そうな色でいいね！」
- 「○○さんのバッグの留め具は珍しい形で、おしゃれですね」
- 「○○さんの今日持っている鞄、素敵ですね。革ですか？　上質そうですね」

鞄を見て、すぐにわかることは、デザインやカラー、生地ではないでしょうか。まずは、そこに注目してほめてみましょう。「おしゃれ」という万能の言葉も使ってみてください。

持ち手、ポケットのデザイン、柄など、細かく見ていくと、いろんなところに目がいき無限にほめることができます。

服装と鞄がコーディネートされている場合

服に合っていますね

例えば
こんなフレーズ

- 「○○さんの鞄は、今日の服に合っていますね」
- 「○○さんのバッグは、コーディネートのアクセントになっていますね」
- 「○○さんの鞄は○○さんのおしゃれさを際立たせていますね」

幼いころ、祖母と夏祭りに行ったことがあります。彼女の浴衣と合わせた巾着が、とても素敵でした。

「おばあちゃんの巾着、浴衣の色と合ってていいな。私も大人になったら、そういうのを持ちたいな」というと、「そうかい。それなら彩が大人になったら、これをあげるよ」と、手をつないでいた祖母の横顔はとても嬉しそうでした。

このように、鞄をほめる際にはコーディネート、すなわち服と鞄の組み合わせ方をほめるというのも有効です。難しく考えなくても、服装と鞄のデザインやカラー、生地などがマッチしていると感じたら、このほめ方が使えます。

特に女性の場合、その日の服装に合わせて、持っていく鞄を決める人もたくさんいるようです。そのこだわりを、ほめてみてください。

褒めかた

リュックや2ウェイバッグなどの場合

使いやすそうですね

例えばこんなフレーズ

- 「〇〇さんのバック、持ちやすそうですね」
- 「〇〇さんのバックは小さくても、けっこう荷物が入りそうな形でいいですね！」
- 「〇〇さんの鞄は見ただけでも機能性が高そう」
- 「〇〇さんのバックはかさばらなくていいですね。僕もそういうのにしようかな」

これは特にリュックや2ウェイバッグのような鞄をほめる時に有効的なほめ方です。以前、通勤時にリュックを使っている友人を見て、「〇〇さんのバッグ、動きやすそうでいいですね。私も今度使ってみようかな」といったところ、「これはすごくいいよ。両手が使えるし、軽く丈夫で機能的。僕にはピッタリ。たまにはリュックを使ってみるのもいいんじゃない？」と少し興奮気味におすすめしてくれました。

鞄もやはり「道具」なので、人によって様々なこだわりがあります。そこに気づいてほめるのも、大切なポイントです。

Magical compliments

3

アイテム

スーツ

ビジネスの場で見る機会が多い服装といえば、今はまだスーツが多いでしょうか。ビジネスマンにとってのスーツはユニフォームであり戦闘服ですから、それをほめられて嫌な気持ちになる人はいません。毎日着る服こそ、ほめることで、話すきっかけの種まきをしましょう。

褒めかた

出会って日が浅い相手の場合

いつもビシッとキマっていますね

例えば
こんなフレーズ

- 「○○さんのスーツ姿はいつ見ても格好良いですね」
- 「○○さんのスーツ姿は、いつもビシッとキマっていますね」

スーツは特別な服装です。最近は公の場でもスーツ以外の服装もＯＫになりつつありますが、毎日着る人もそうでない人もどんな人でも、スーツを着るだけで「きちんとした」感じになり、男性も女性も格好良く、キマって見えます。まずは、その格好良さをほめましょう。

これなら、ブランド物などの特別なスーツでなくても、スーツを着ている相手なら誰にでも使えるほめ言葉です。

特に最近知り合った方に、数回お会いしたタイミングで使うのが効果的。あるいは、普段はカジュアルな格好をしている方が、たまにスーツを着てきた時にお伝えするのもおすすめです。

初めて見るスーツの場合

新調したんですか？とってもお似合いです

例えば
こんなフレーズ

● 「○○さん、スーツ、新しくしましたか？　とってもお似合いです」

私もそうですが、人は自分の変化に気づいてもらうと嬉しいものです。なぜなら、「いつも自分のことに注目してくれている」と感じるから。

コミュニティの中で生きている我々にとって人から関心を得られることは喜びとともに安心も感じることができます。

ですから、新しいスーツを見た時、おろしてのスーツは欠かさずほめたいところです。着ている相手の心も、いつもよりどこかウキウキしているはずですから、気づいた時にすぐ伝えてみてください。きっと良い笑顔がかえってくることでしょう。

特に、季節の変わり目などは、服を新調するタイミングですから、このほめ言葉を使えるチャンスも多くなります。見たことがないスーツを見たら、すかさずほめてみてください。

インナーが特徴的な（白いワイシャツでない）場合

素敵な組み合わせですね

例えば
こんなフレーズ

● 「○○さんの今日のストライプのシャツは、さわやかでいいですね！」
● 「○○さんのフリルのブラウスは、○○さんの雰囲気に合っていて、素敵な組み合わせですね」

同じスーツでも、インナー一つで印象がだいぶ変わります。そこをほめるのも効果的です。

特に女性の場合、ひとくちにスーツのインナーといっても、様々な選択肢があります。オフィスカジュアルを推奨している企業やフリーランスで働く人の中にはインナー選びに気を使う人も少なくないようです。相手が気を配っている部分、努力している部分に気づいてほめるというのは、良いほめ言葉の鉄則ですね。

男性の場合は、ジャケットのインナーはたいていワイシャツですが、それでも色や柄などほめるポイントはあります。秋冬などはインナーにカーディガンやベストを着ていることもありますから、それをほめるのもいいですね。

ディティールが特徴的な場合

その〇〇、素敵ですね

例えば
こんなフレーズ

- 「〇〇さんのジャケット、裏地とのコントラストがおしゃれですね」
- 「〇〇さんのネクタイピン、音符の形ですね！　音楽がお好きなんですか？」
- 「〇〇さんのジャケットのボタンは重厚な雰囲気がありますね」

スーツは様々な部分にポイントがあります。ネクタイピン、襟元のデザイン、袖口から覗く裏地、素材などなど。そのようなディティールに注目してほめるのも良いでしょう。

スーツに詳しい方なら、ひとくちにスーツといっても、様々なディティールにこだわりのポイントがあることはご存じだと思います。

でも、そういったことに詳しくなくても大丈夫。パッと見て「珍しいな」「いいな」と思う部分があったら、そこに注目してほめればいいのです。

スーツというのはデザインのおおまかなルールが決まっているものですから、意外と小さな部分に大きなこだわりが秘められていることも多いもの。もしかしたら、それをきっかけに、相手との距離をグッと縮められるかもしれませんね。

いつもと違う部分がある場合

いつもと印象が変わって、それもまたいいですね

例えば
こんなフレーズ

●「○○さん、今日はパンツスーツですね！　いつもと印象が変わって、それもまたいいですね！」

いつもと違う部分に注目して、比較するほめ方もおすすめです。

特に女性の場合は、たとえ同じジャケットのスーツでも、スカートなのかパンツなのかでだいぶ印象が変わります。スカートも裾に向かって広がっているスカートや、タイトなスカートなど様々です。そこをほめましょう。

「今日は外回りなので、気合いを入れてパンツにしてみました！」など、その人なりの理由を聞けるかもしれません。

なお、この際には、「いつもの○○もいいけど、今日の××もいいね」とほめるようにしてください。「今日の××はいいね」と伝えるだけだと、「それじゃあ、いつもの○○は良くないのかな？」と、ほめたつもりが相手を不安にさせる可能性もあります。

ほめたのに逆に相手を不安にさせては本末転倒。細かい点ですが、注意しておきましょう。

Magical compliments

4

アイテム

シャツ

スーツとセットで着るワイシャツも、ほめやすいアイテムの1つといえます。最近はシャツの素材開発が進み、アイロンがけ不要の形状記憶のもの、伸縮性があるもの、通気性の良いものなど、様々な生地があるようです。ただ、生地はパッと見てわからないこともあるので、ここでは生地以外のほめ方で伝えてみましょう。

褒めかた

色や柄のあるシャツの場合

その色、今日のスーツに合っていますね

例えば
こんなフレーズ

- 「○○さんのシャツ、スーツと合っていてシュッとしてますね」
- 「○○さんの今日のシャツの色、そのスカートと合っていますね」
- 「ラベンダーカラーのシャツを、グレーのスーツに合わせるっておしゃれですね」

シャツをほめる場合、便利なのが「スーツと合っている」というほめ方。なぜなら、組み合わせたその人のセンスをほめることになるので、どんなシャツを着ていたとしても使えるからです。スーツを着ている相手なら、男性女性に関わらず、また年齢も気にせずほめることができます。

例えば、白いシャツとネイビーのスーツの組み合わせは、シンプルですが、さわやかな印象となります。また黒のシャツにグレーのスーツなどは、普通とは違ってシックな装いになり、これもまた素敵です。

「○○さん、おはようございます。今日のシャツ、スーツと合っていて素敵ですね！」
「おはようございます。ありがとうございます。

実は今日着るシャツ、もうひとつと迷ったんですが、こっちにして良かった！」

このようなやりとりから入ると、朝からお互いに気持ち良く仕事に取り組めると思います。

デザイン、装飾が珍しいシャツの場合

そのデザイン、おしゃれですね

例えば
こんなフレーズ

- 「○○さんの襟のデザイン、おしゃれですね」
- 「○○さんのシャツのボタンおしゃれですね」
- 「○○さんのシャツは、身体のサイズとピッタリ合っていて、格好良いですね！」

パッと見る分にはみな同じようなシャツも、細かい部分を見ていくと、意外と特徴があったりします。襟の形、ボタンの色や形、袖口（カフ）の形などなど……。そこに注目してほめるのも効果的です。

私の仕事の場合、目の前でお客様が食事をしているので、よく相手の手元を見る機会があります。すると、そういったシャツの細かい特徴に気づくことも多いものです。

そんな時に「○○さんの今日のシャツのボタンの形は、珍しいですね」などと話しかけると、「よく気がついたね。これはね……」と話が盛り上がったりします。

このような細かい部分というのは、相手をよく見ていないと気づかないものですから、そこをほめることができれば、相手に強く印象づけることができます。もし何か珍しい特徴を見つけたら、チャンスを逃さず、すかさずほめておきましょう。

褒めかた

襟や袖口がパリッとしているシャツの場合

きれいにアイロンがかかっていて、気持ちがいいですね

例えば
こんなフレーズ

- 「○○さんのシャツはいつもパリッとしていて気持ちがいいですね」
- 「○○さんの着るシャツ、きれいにアイロンがかかっていますね」

ご自分で洗濯してアイロンをかけているか、クリーニングに出しているかは人それぞれですが、いずれにせよきちんと手入れされているシャツは見ていて気持ちが良いものです。それだけで清潔感がありますし、きちんとした印象を与えます。

そこで、シャツそのものではなく、シャツがきちんと手入れされていることをほめるのもおすすめです。これも、どんなデザインのシャツでもほめることができる方法ですので、使いやすいほめ言葉です。

それに、こうやってほめると、シャツではなくきちんと手入れしている相手の人柄をほめることになるので、その点でも効果的なほめ方といえるでしょう。

Magical compliments

5

アイテム

ネクタイ

男性のスーツスタイルにおいて、スーツやシャツはどうしても色や柄などのバリエーションが限られてしまいますが、比較的自由度が高いのがネクタイ。それだけに、その人のこだわりや個性が表れやすく、ほめやすいものの代表格といえるでしょう。顔の近くに位置するため、相手から視線を外さずに、さりげなくほめることができるのも利点です。

褒めかた

色や柄が特徴的なネクタイの場合

センスが良いですね

例えば
こんなフレーズ

- 「○○さんの今日されているネクタイの柄、珍しいですね。○○さんのセンスの良さが表れていますね」
- 「○○さんはセンス抜群ですね！遠くから見てもそのネクタイは目を惹きましたよ」

最近は少し変わった模様や、ワンポイントが入っているネクタイを目にする機会も増えました。そうしたネクタイを見かけたら、すかさずほめましょう。

相手は無地や無難な柄のネクタイもある中で、あえて特徴的なデザインのものを選んでいるわけですから、そこには必ずその人なりのこだわりが秘められているはずです。そのこだわりをほめられれば、誰だって嬉しいはずです。

この際、「センスがいい」と表現するのがポイントです。センスというのは人それぞれで違いますから、どんな柄であっても使えます。それに、「感性が自分と近い」という意味が込められている言葉なので、相手が親しみを感じてくれる効果も期待できるのです。

褒めかた

そのスーツにピッタリですね

一般的な色や柄のネクタイの場合

例えば
こんなフレーズ

- 「○○さんの今日のネクタイ、スーツとピッタリですね！」
- 「○○さんの今日されているネクタイとスーツの組み合わせ、すごく好みです」

「このスーツには、このネクタイ」と、組み合わせにこだわっている男性は多いものです。同系の色で合わせたり、柄の組み合わせにこだわったり……と、その人なりにいろいろと考えていることもあります。

そこで、そのネクタイとスーツの組み合わせ方をほめるのも効果的です。組み合わせをほめるのであれば、ネクタイ自体は特別なものでなくても、ほめることができます。

相手が気にして選んでいればいるほど喜んでくれるでしょう。

シチュエーションにあったネクタイの場合

選び方が上手ですね

例えば
こんなフレーズ

●「○○さん、ネクタイ選びお上手ですね」

「パワー・タイ」という言葉をご存じでしょうか？　力強さをイメージさせる、赤いネクタイのことです。1960年のアメリカ大統領選挙におけるテレビ討論会でケネディ氏が着用し、見事勝利を収めたことで有名になりました。

このパワー・タイよろしく、「こんな場面では、このネクタイ」と決めている方もいらっしゃいます。ちょっとしたゲン担ぎみたいなものですね。

以前、上司が大事なプレゼンをする日に、私はアシスタントとして同席したのですが、その時に上司が普段見たことがないネクタイをつけていたことに気がつきました。

そこで、「そのネクタイ、初めて見ます。大事な日は、一味違いますね。選び方もお上手ですね」と伝えると、上司は照れくさそうにしながらも「ありがとう。僕の勝負ネクタイなんだ。柄にもなく少し緊張していたんだが、大丈夫そうだよ」と少しニヤッとした笑顔を向けてくれました。

このように特別な場でなくても「普段は仕事の業務に差しさわりのない地味なもの」「会議などで注目を集めたい場合は目を惹く目立つもの」「接待の場では、接待相手を引き立てるために派手すぎないもの」と、シチュエーションごとにネクタイを使い分ける方もいます。

そうした方には、「選び方が上手ですね」とお伝えすると喜ばれるでしょう。

Magical compliments

6

アイテム

ノーネクタイ

最近はクールビズが定着して、夏になると多くのビジネスマンがネクタイを外しています。また、夏に限らずビジネス・カジュアルを取り入れる会社も増えてきました。そういったノーネクタイのスタイルも、ほめるポイントです。

シャツやパンツの選び方にこだわるスタイルの場合

おしゃれですね

例えば
こんなフレーズ

- 「〇〇さんのノーネクタイスタイル、おしゃれですね」
- 「ノーネクタイこそ、おしゃれな人ができる着こなしですね」

オフィスカジュアルのスタイルが増えてきているとはいえ、まだまだビジネスの世界ではスーツが一般的。そんな中でノーネクタイのスタイルをしている方は、おしゃれにこだわりを持っている可能性があります。

特に、スーツ姿のまま単にネクタイを外しただけの服装ではなく、シャツやパンツの選び方に気を遣っているようなスタイルであれば、その可能性は大。

そこで、そのような相手には、ジャケットの下のインナーも含めてそのままズバリ「おしゃれですね」とほめてみるといいでしょう。「おしゃれ」といわれて気を悪くする方はいませんし、もしかすると今日の服装のポイントを教えてくれて、おしゃれ談義に花が咲くかもしれません。

褒めかた

ノーネクタイでもきちんとしていますね

スーツ姿でネクタイを外したスタイル

例えば こんなフレーズ

- 「○○さんのカジュアルなビジネススタイル、いいですね」
- 「○○さんのカジュアルだけど崩していない格好、理想的ですね」
- 「○○さんの堅苦しくないスーツのスタイル、マネしたいです」
- 「○○さんのネクタイがなくてもきちんとしているスーツの着こなし、さすがですね！」

ビジネスの場でノーネクタイのスタイルをする場合、難しいのが「崩しすぎない」ということです。Tシャツにデニムのような、あまりにカジュアルすぎる服装は、ビジネスの場にふさわしくない場合もあるでしょう。そのため、クールビスなどでノーネクタイにならざるを得ない場合、多くの男性が「ノーネクタイでも砕けすぎないバランス」に頭を悩ませているようです。

そこで効果を発揮するのが、「崩していても、きちんとビジネスシーンで通用している」とほめること。内心「崩しすぎていないかな、だらしなく見えていないかな」と不安に思っている人ほど、こうほめられると安心して、いろいろ話してくださいます。

相手がスーツから単にネクタイを外しただけのスタイルでも使えるという点でも、便利なほめ方の一つです。

褒めかた

襟に特徴があるシャツ

その襟、ネクタイなしでも決まってますね

例えば
こんなフレーズ

- 「○○さんのシャツの襟、素敵ですね」
- 「○○さんのシャツの襟は、ネクタイなしだからこそ決まってますね」
- 「○○さんのシャツの襟元、今日のスタイルに合わせてですよね？　おしゃれですね！」

スーツ姿でネクタイを外した時に、いちばんのポイントになる場所をご存じでしょうか？

それは、襟です。実は、ネクタイを外してもだらしなくならない襟型や、ノーネクタイだからこそ使える襟型などがあります。クールビズの時期になると、紳士服売り場のシャツのコーナーには、そうした襟型のシャツが「クールビズにおすすめ」などという宣伝文句と共に並べられています。

そのため、ノーネクタイスタイルの男性は、襟型にこだわっている可能性が高いです。そこをほめてみましょう。

例えば、ボタンダウンやホリゾンタルカラーのシャツは、ノーネクタイに向いているシャツの代表格です。そのようなシャツを着ている方を見かけたら、ぜひ襟型をほめてみてください。

Magical compliments

7

アイテム

特徴のないスーツ姿

ダークスーツに白無地シャツ、黒靴のような無難なスタイルは、遊びの要素がないため、一見するとほめどころがないように感じるかもしれません。しかし、そんなスタイルに対しても、見方をちょっと変えるだけで、ほめるべきポイントが案外簡単に見つけることができるのです。

いつも飾り気のないスーツ姿の場合

いつもきちんとしていますね

例えば
こんなフレーズ

- 「○○さんは、きちんとされていますね」
- 「○○さんは、いつもちゃんとした格好ですね」

「その日たまたま」ということでなく、いつも飾り気のないまじめなスーツスタイルを貫いている方の場合、それなりのこだわりや理由があるかもしれません。

例えば、聞くところによると、銀行員など堅めのご職業の方は、スーツもシャツも無地、靴は黒といったような社内規定があるそうです。

私は学生時代の制服も、堅苦しいのが苦手でつい着崩して着ていたので、そのような規定を守れる人、いつもきちんとした格好ができる人は、尊敬しています。そこで、そういった方に対しては、「いつもきちんとされていますね」とお伝えしています。

このほめ言葉は意外と効果的で、飾り気のないスタイルだけに普段スーツ姿をほめられる機会が少ないのか、みなさんとても喜んでくださいます。

後輩、部下のスーツ姿がまじめな場合

安心できるね

例えば
こんなフレーズ

●「○○くんは、安心して一緒に取引先に行くことができるよ」

ダークスーツに白無地シャツ、黒靴のような無難なスタイルは、面白みはないかもしれませんが、逆にどんな場所でも場違いということはありません。普段のビジネスシーンはもちろん、ちょっとした冠婚葬祭の場面でも通用しますし、どんなに偉い方に面会する場合でも失礼になりません。

そこで、そういった利点を「安心できる」という言葉でほめるのも有効です。

このほめ方は、特に後輩や部下に対しては効果的でしょう。スーツ姿がまじめな方は、性格もまじめなことが多いので、先輩や上司から「安心できる」といわれると信頼されていると感じ、やる気を出してくれると思います。

先輩や目上の人のスーツ姿が無難な場合

落ち着いたスタイル、私も見習いたいです

例えば
こんなフレーズ

●「○○さんはいつも落ち着いていますね」
●「○○さんの落ち着いたスタイル、私も見習いたいです」

ある程度立場や年齢が上になってくると、日本ではなかなか派手な格好は公の場で難しくなってきます。その結果として、無難なスタイルになっているという場合もあります。

それをポジティブに表現するのが、「落ち着いている」というほめ言葉です。特に先輩や上司、目上の方をほめる場合には有効なほめ方です。

この時、尊敬や憧れているという気持ちを乗せると、より伝わりやすくなると思います。

ビジネスの場では、必ずしもおしゃれな格好が評価されるとは限りません。むしろ、一見地味に見える格好の方が、信頼感や安心感につながり、仕事に好影響を与えることもあるでしょう。

そう考えると、無難なスーツ姿にも、ほめるべきポイントがいくつもあることが見えてくると思います。

Magical compliments

8

アイテム

革靴

「おしゃれは足元から」といわれる通り、服装の中でも靴にこだわっている方というのは、一定数います。性格や生活習慣が出やすいので、我々ホテルマンもよく目に入る部分です。当然、ここもほめる際の注目ポイントです。

手入れが行き届いている靴の場合

ピカピカですね

例えば
こんなフレーズ

- 「○○さんの靴は、いつもピカピカにお手入れされていますね」
- 「○○さんの革靴はいつもきれいですね。○○さんの性格が表れていますね」

革靴をほめる際の王道。それは、きれいに磨いてあることをほめるということです。靴は身につけているものの中でももっとも地面に近いところにあり、歩いているとあちこちにぶつけることも少なくありません。そんな過酷な状況にさらされている靴がピカピカに光っているとしたら、その理由はきちんと手入れをしているからに他なりません。すなわち、こだわりがある証。

先日も、常連のお客様との会話で「○○さんの靴は、いつもピカピカにお手入れされていますね」とお伝えしたら、「そうなんだよ、革靴は磨かないとすぐにダメになってしまうからね」と、うんうんと頷きながら嬉しそうな顔で、いかにご自分が靴を好きかお話くださいました。

靴のブランドなど詳しいことがわからなくても、きれいに磨いてあるかどうかは一目でわかります。手入れが行き届いた靴を見かけたら、すかさずほめましょう。

スリッポンタイプや特殊な靴の場合

履きやすそうですね

例えば
こんなフレーズ

- 「○○さんの革靴は、脱ぎ履きしやすそうですね」
- 「○○さんの革靴は、歩きやすそうですね」

靴も一種の「道具」ですから、その機能性にこだわっている方もいらっしゃいます。

例えば接待でお座敷に上がるなど、靴を脱ぎ履きする機会が多い方は、紐靴ではなくローファーなどのスリッポンタイプの靴を好んで選ばれたりします。スピーディーに脱ぎ履きできると、人を待たせないで済むからです。

また、外回りの営業マンの方など、よく歩く人は、一見普通のビジネスシューズのように見えて、スニーカーのようなクッション性に優れたソールのついている靴を履いていることもあります。

最近は、雨の日用に、革靴に見えるゴム製の靴もあるようです。

そのような靴を見かけたら、その機能性をほめたいところ。

一般的なものとはちょっと違う靴を履かれている方は、必ずその靴を選んだ理由を持っています。そこに注目してほめると、あなたの着眼点に驚き、お仕事上の都合など、思わぬお話をうかがえることもありますよ。

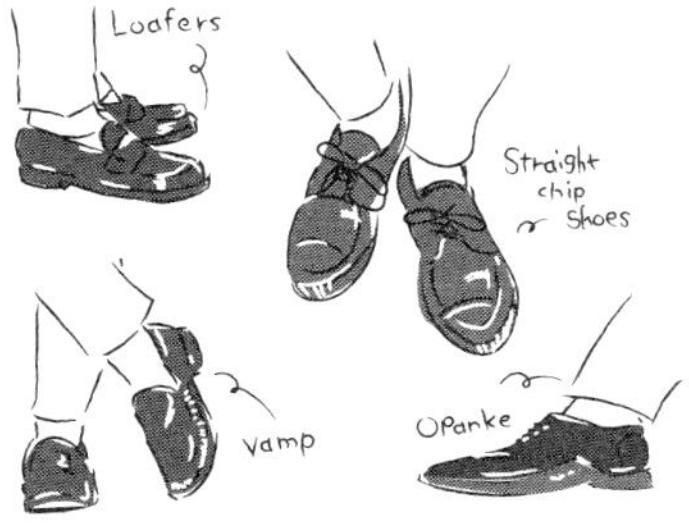

ベルトと同色の靴の場合

色を合わせていて、おしゃれですね

例えば
こんなフレーズ

●「○○さんの革靴とベルトは、同じ茶色で合わせていますか？　おしゃれですね！」

これは男性の場合になりますが、「ベルトや靴など、身につける革製品の色を統一する」「時計や眼鏡など、金属製品の色を統一する」というのは、おしゃれの基本なのだそうです。あえて色をはずすようなおしゃれな方もいらっしゃいますが、そのような人は持っているもの全てに特徴があったりします。

そこで、靴とベルトの色が合っている人はそのことをほめるといいでしょう。特に、茶系の場合はライトブラウンからダークブラウンまで、様々な色がありますから、その色が靴とベルトで揃っていたら、間違いなく色合わせにこだわっているはずです。

スーツを着ていると、なかなかベルトまで見えることは少ないですが、もしそこに気づいたら、ほめる絶好のチャンスです。気づく人が少ないだけに、あなたがほめたことを強く印象づけることができるでしょう。

Magical compliments

9

アイテム

ヒールがある靴

女性をほめる時に、欠かすことができないアイテムといえばヒールのある靴です。男性が思っている以上に、女性はヒールのある靴にこだわっているもの。それだけに、ほめられると嬉しくなります。

ハイヒールの靴の場合

ヒールの靴、似合ってるね

例えば
こんなフレーズ

● 「○○さんの今日履いているヒールの（高い）靴、似合ってますね」

● 「○○さんってヒールがある靴が似合うね！」

女性の靴をほめる時、もっとも注目すべきは色でもデザインでもなく、ヒールの高さです。

ヒールの高い靴は、女性の脚をきれいに見せてくれますが、歩きにくいのが難点。初めてヒールの高い靴を履いた時は、まっすぐ立つだけでもやっとのことだった、という経験を持つ女性は多いでしょう。

そんな困難を克服してでも、きれいに見せるために履いていますので、ヒールの高さには女性の気合いが込められているといっていいでしょう。そこをほめないわけにはいきません。

先日も、友人と食事に行った際、「○○ちゃんの今日のヒール、似合うね！」とほめたら、「ほんと？　今日はディナーだから、ちょっと高めのヒールにしちゃった」と、はしゃいだ様子で応えてくれました。

この時、ほめ言葉としては「似合っている」

と伝えるのがおすすめです。このほめ方だと、靴だけでなく、その靴が似合っている相手自身をほめることにもなるのです。

いつもローヒールの人がハイヒールの場合

今日はさらに魅力的ですね

例えば
こんなフレーズ

- 「今日のヒールは、○○さんをさらに魅力的にしていますね！」
- 「今日の○○さんは、ヒールが素敵ですね！」

女性によって、ハイヒールは「特別な日の装い」の象徴でもあります。

特別な日にする、普段とは違ったおしゃれ。その仕上げとなるアイテムが、ハイヒールなのです。

特に、いつもはローヒールの靴を履いている女性なら、なおさらです。私自身、高めのヒールの靴を選ぶ時は、全体のスタイルも普段とは少し違ったドレッシーな格好になります。

そんな「特別な気分」をほめるのも、効果的。先日も素敵なヒールの靴を履いたお客様がいらっしゃったので、お見送りする際に「今日のヒールは、○○さんをさらに魅力的にしていますね！」とお伝えすると、とても喜んでいただけました。

ここでのポイントは、「普段のあなたも素敵だけれど、今日は特別素敵に見える」というニュアンスで表現すること。単に「今日は素敵ですね」というだけだと「普段は素敵じゃないの？」と複雑な気持ちにさせてしまう可能性がありますから、気をつけてみてください。

ローヒールの靴の場合

歩きやすそうでいいね

例えば
こんなフレーズ

- 「○○さんの今日履いているローヒール、歩きやすそうでいいね」
- 「○○さんの靴、歩きやすそうで今日の遠出にピッタリですね！」
- 「○○さんのローヒール、とっても動きやすそう。私も今度そういうの買ってみよう」

ここまでヒールの高い靴のほめ方を説明しましたが、それではヒールの低い靴はほめられないのかというと、そんなことはありません。ローヒールにはローヒールの、ほめ言葉があります。

それは、「動きやすそう」「歩きやすそう」という言葉です。

先ほども説明しましたが、ヒールの高さは歩きやすさ、動きやすさに比例します。私はたいてい低いヒールの靴を履いていますが、それはいる歩くことが多いためです。ローヒールを履いている人のほとんどが、動きやすい、歩く必要がある、という理由だと思います。営業の仕事や小さいお子さんがいる方もローヒールを選ぶ人が多いでしょう。その選択をほめるのです。

ただし、「楽そう」という言葉はＮＧワード。「楽そう」と表現すると、「手抜きをしている」というニュアンスで伝わってしまう可能性があります。「○○さんのローヒール、とっても動きやすそう。私も今度そういうの履いてみようかな」と上からでも下からでもなく同じ目線で伝えると、ほめられた人も喜んでくれると思います。

Magical compliments

10

アイテム

腕時計

最近は「スマホを見ればいいから」と身につけない人も増えてきましたが、やはりこだわっている人が多いのが腕時計。だからこそ、ほめやすいアイテムといえます。手首という目立つ場所につけている点でも、ぱっと見て言及しやすいこともありこれは外すことはできません。

褒めかた

色や形に特徴がある時計の場合

そのデザイン初めて見ます

例えばこんなフレーズ

- 「○○さんの時計のデザインは初めて見ます。どちらのものですか？」
- 「○○さんの時計のベルト、きれいな色ですね」

腕時計をほめる1つめのポイントは、デザインです。

最近はお手頃な値段のファッションウォッチでも、ケースが変わった形をしていたり、文字盤が凝ったデザインになっているものがたくさんあります。また、特に女性ものは、文字盤やベルトの色も様々です。

相手がそうした時計をしていたら、このほめ方を使いましょう。比較的、どんな時計でもほめられる便利なほめ方です。

デザインに特徴がある時計を選んでいるということは、そこにその人の何らかのこだわりがあるという証拠です。相手がこだわっている部分をほめるというのは、上手なほめ方の基本の1つです。

ブランドや石つきの時計の場合

高級感がありますね

例えば
こんなフレーズ

- 「○○さんのつけている時計は、高級そうですね」
- 「○○さんの時計は、○○さんの存在感と同じく、明らかに別格ですね！」

腕時計をほめる2つめのポイントは、高級感。有名ブランドの時計が代表格ですが、ブランドがわからなくても、宝石がついていたり、金やプラチナを使っているようなような時計であれば、このほめ方が有効です（実際、高級ジュエラーはたいてい腕時計も扱っています）。

ここで大切なのが、「実際の値段がいくらかは、さほど重要ではない」ということです。

時計に詳しい人はご存じでしょうが、腕時計の値段はピンキリ。下は数千円で買えるものから、上は数百万、数千万円するものまでありま す。ここで「いくらならば高級といえるのか」は、その人の価値観によって違うでしょう。10万円を超えれば高級という人もいれば、100万円でも普通と感じる人もいると思います。つまり、実際の値段がいくらであれ、「その人にとって高級かどうか」が重要なのです。

高級時計というのは、大切な人からのプレゼントだったり、大きな仕事を成し遂げた時の自分へのご褒美だったり、何かの記念だったりするパターンも多いもの。それだけに、ほめられると嬉しく感じる人もたくさんいらっしゃいます。

ですから、あなたが「高級感があるな」と感じたなら、素直にほめましょう。もしかしたら、その時計にまつわる素敵なエピソードがうかがえるかもしれませんよ。

様々な機能がついている時計の場合

機能性が高そうですね

例えば
こんなフレーズ

- 「〇〇さんのしている時計は、機能性が高そうですね」
- 「〇〇さんの今日されている時計、機能的で、アウトドアに最適ですね」

腕時計をほめる3つめのポイントは、機能性です。

これは特に、スポーティな時計をしている相手に向いているほめ方となります。

時計の機能というと、防水機能やクロノグラフ（ストップウォッチ機能）が典型的ですが、最近はテクノロジーの進化で、GPSや心拍計がついていたり、スマホとの連携機能がついているなど、様々なものが登場しています。

パッと見でどんな機能がついているかわからなくても、見た目がゴツかったり、文字盤にたくさん針や表示窓がついていたら、たいていは高機能タイプ。そんな時計を見かけたら、機能性が高そうに見えることをほめましょう。

よくわからなければ、「すごそうな時計ですけど、どんな機能がついているんですか？」と聞いてみるのもいいかもしれませんね。こだわりの時計であれば、きっといろいろと教えてくださるはずです。

Magical compliments

11

アイテム

ストール（マフラー）

人と会った時、たいていの人はまず相手の顔を見ると思います。そのため、顔まわりにあるストールやマフラーは最初に目に入ってきやすく、ほめやすいアイテムの一つ。私服、スーツどちらにもつけることもできるので、たくさんの人をほめることができます。

色や柄、素材が特徴的な場合

その色（柄、素材）、いいですね

例えば
こんなフレーズ

- 「○○さんのストール、ふわふわしていて気持ち良さそう」
- 「○○さんのストールの色、いいですね」
- 「○○さんのストール、柔らかそうですね。カシミヤですか？」

ストールやマフラーをほめる際、わかりやすいのは、色や柄、素材に注目することです。

これは必ずしも珍しい色や柄でなくても構いません。「いい色だな」「素敵な柄だな」と感じたら、それを素直に伝えればいいだけです。

素材については、カシミヤやウール、シルクなどいろいろなものがありますが、パッと見ただけではわからないかもしれません。でも、そんな時は「柔らかそう」「滑らか」「ふわふわ」「すべすべ」といった表現でも大丈夫。

難しいことは考えなくても、パッと見て「いいな」と思った点をそのままほめてみましょう。

全体のバランスがいい場合

お顔に映えますね

例えば
こんなフレーズ

- 「○○さんのストール、○○さんをより素敵に見せますね」
- 「○○さんのされているストール、○○さんのお顔に映えますね」

ストールやマフラーそのものではなく、選び方、つまり相手のセンスをほめるのも効果的です。

服の色との組み合わせ、肌や髪の色との組み合わせ、サイズ感などなど、ストールやマフラーを選ぶ際には様々なポイントがあります。特に女性の場合、ストールやマフラーを巻くことで、顔を小さく見せたり、顔色を明るく見せたりといった工夫をしていることも少なくないようです。ここではそういった工夫に注目してみてください。

とはいえ、「顔が小さく見えますね」とズバリ表現してしまうと「ほんとは顔が大きいってことなの?」と相手を怒らせてしまう可能性もありますから、言葉選びには要注意。「(いつも素敵だけれど)より素敵に見せますね」「お顔に映えますね」といった伝え方が誤解がなくおすすめです。

巻き方が特徴的な場合

その巻き方、目を惹きますね

例えば
こんなフレーズ

- 「○○さんのストールの巻き方、格好良いですね」
- 「○○さんのストールの巻き方、目を惹きますね」
- 「○○さんのストールの巻き方、自然な感じでおしゃれですね」

ストールやマフラーには、もうひとつ注目ポイントがあります。それは巻き方です。同じマフラーでも、巻き方によって印象はかなり変わるもの。おしゃれな方だと、非常に凝った巻き方をされていたり、逆にその時の服装に合わせてシンプルな巻き方をしていたりと、いろいろ工夫されています。

私の場合、お客様をお見送りする際、預かった上着や鞄などをお渡しするのですが、その時素敵な巻き方をされる方には「その巻き方、とってもおしゃれですね」と伝えることがよくあります。すると、中には親切に巻き方を教えてくださる方もいらっしゃって、そこでひとしきり話が盛り上がったりします。

インターネットでちょっと検索してみるだけ

でもわかりますが、ストールやマフラーの巻き方というのは、本当に無数にあります。凝った巻き方や、珍しい巻き方、初めて見る巻き方をしている方に対しては、ぜひ巻き方をほめてみてください。

Magical compliments

12

アイテム

チーフ、カフスボタン

チーフやカフスボタン（カフリンクス）をつけている人は全体から見てごくわずか。持っている人が少ないものや、細かいものほど、相手のこだわりが詰まっています。つけている人を見たらぜひほめてみてください。

普通のチーフやカフスボタンを身につけている場合

チーフ（カフスボタン）をされてるなんておしゃれですね

例えばこんなフレーズ

●「○○さんの今日の袖には、素敵なカフスボタンがついていますね。おしゃれですね」

●「○○さんの袖には、カフスボタンがついていますね！　素敵です。ご自分で選んでいるのですか？」

チーフやカフスボタンは、そもそも身につけている人が多くありません。特にカフスボタンの場合は、シャツの袖口もダブルカフなどカフスボタン用のものでなければいけませんから、かなり身につけるハードルが高いアイテムといえます。

したがって、チーフやカフスボタンを身につけていること自体が、まずほめるポイント。相手がチーフやカフスボタンを身につけていることに気づいたら、すかさず「チーフ（カフスボタン）をしているんですね」と伝えてみましょう。

身につけている人が少ないアイテムを、わざわざ身につけているということは、そこは間違いなくその人のこだわりのポイントです。そこにあなたが気づいたということ自体に嬉しさを感じてもらえると思います。

デザインの凝ったカフスボタンを身につけている場合

オーダーメイドですか?

例えば
こんなフレーズ

- 「〇〇さんのカフスボタン、オーダーメイドですか? 見たことのないデザインです」
- 「〇〇さんのカフスボタンはオーダーされていますか? とても素敵ですね」

カフスボタンは、女性と比べると男性が身につけられる数少ないアクセサリーの1つ。それだけに、中には非常に凝ったデザインのものもあります。

そのようなデザインのカフスボタンを見かけたら、「オーダーメイドですか?」と尋ねてみるのも効果的です。

この際、そのカフスボタンが実際にオーダーメイドであるかどうかは重要ではありません。オーダーメイドであってもなくても、そのような凝ったカフスボタンには、その人のこだわりが詰まっているはずです。そのこだわりをうかがえるきっかけを作るのが大切なのです。

以前、お客様でハートのカフスボタンをつけている人がいらっしゃったので、「〇〇さんの、お手元のハートはとても素敵ですね。ハートの形のカフスボタンは初めて見ました。オーダーメイドですか?」と尋ねたことがあります。

すると、そのお客様は、「そうなんだ、これは妻と一緒に作ったものでね」と顔をほころばせて、ご夫婦の心温まるエピソードを教えてくれました。

さらに後日、そのお客様は、奥様を伴われて再びご来店。その日は、お二人の結婚記念日とのことでした。その時はもちろん、3人でハートのカフスボタンのお話で盛り上がることができました。

こだわりの詰まったアイテムについて聞かれて嫌な人はおそらくいないです。相手も答えるのが嬉しい質問だと思います。勢いよく質問してみてください。

デザインの凝ったチーフを身につけている場合

どちらで購入されたのですか?

例えば
こんなフレーズ

●「○○さんのされてるチーフ、素敵ですね。どちらで購入されたのですか?」

ポケットチーフについても、カフスボタンのように質問の形でほめることができます。

ただ、ポケットチーフの場合はオーダーメイドということはほとんどないので、どこで購入しているかを聞いてみるといいでしょう。

ひとくちにポケットチーフといっても、フォーマルにも使える白無地のシンプルなものから、凝った色柄のおしゃれなものまで、様々なものがあります。シンプルなデザインのチーフなら百貨店のスーツ売り場などで比較的簡単に手に入りますが、凝ったデザインのチーフを買えるお店はそう多くありません。

つまり、凝ったデザインのチーフをしている方は、おしゃれなお店をたくさんしている可能性大。そこに注目してほめるわけです。

うまくいけば、「普段はどんなお店で服を買われているんですか?」「おすすめのお店はありますか?」など、ショップ談義に花が咲くかもしれません。

Magical compliments

13

アイテム

流行のアイテム

最後にちょっと上級編。もしあなたがファッションに興味をお持ちなら、今のファッションのトレンドを知っていると思います。そういったトレンドのアイテムを身につけている方がいれば、そこをほめてみるのも一つの手です。

初めて会った相手の場合

おしゃれですね。今季のトレンドですか？

例えば
こんなフレーズ

- 「○○さんのスーツ、トレンドのシルエットでおしゃれだね」
- 「○○さんは流行のストライプのシャツをさらりと着ていて、おしゃれですね」

トレンドのアイテムを身につけている方というのは、流行に敏感であることにこだわりを持っています。そのために、常に最新のファッション情報を収集する努力を何らかの形でしているはずです。ですから、「トレンドを取り入れている」と伝えること自体が、ほめ言葉となります。

ただ、そこをほめるためには、自分自身がトレンド情報に詳しくなくてはなりません（でないと、トレンドを取り入れているかどうか判断できません）。

では、詳しくない人はどうすればいいのでしょうか？

安心してください。私もよく使う裏技があります。

ファッションの流行というのは、ファッション業界全体で作っていくものなので、どのお店でもそのシーズンの流行に合わせたアイテムを販売しています。そのため、例えば街を歩いていて「最近、こんなアイテムをよく見かけるな」と思ったら、それがそのシーズンのトレンドアイテムである確率が高いのです。

確信が持てない場合でも「〇〇さんの服装おしゃれですね。今季のトレンドですか?」「〇〇さんの襟の形、珍しいですね。似合ってます。今年の流行ですか?」というように質問系でほめれば大丈夫。これなら、自分自身がトレンドに詳しくなくても気負いせず使うことができます。

いつも会っている相手の場合

上手に着こなしてますね

例えば
こんなフレーズ

- 「○○さんは、自分のスタイルに流行を取り入れるのが上手ですね」
- 「その流行のジャケットの合わせ方、すごく○○さんに似合ってます」

流行のアイテムというのは、当然、そのシーズンごとにテイストが違いますので、ちょっと間違えると、そのアイテムだけが浮いて見えてしまうという危険性があります。そのため、おしゃれな方は、流行のアイテムを取り入れる際に、「普段の自分の格好と合わせた時にうまく馴染むか」という着こなしに非常に気を遣っています。

そこで、その着こなし方をほめるというのも効果的です。流行のアイテムそのものではなく、それを着こなしている相手のセンスをほめるわけです。

これは、普段どのような格好をしているか知っている相手が、流行のアイテムを身につけてきた時に使うと、特にいいでしょう。

先日、昔からの友人が今季の流行の形のスカートを穿いていて、とてもよく似合っていたので「いつもの○○さんの格好に、そのトレンドのスカートを合わせるの、いいね！」とほめたところ、「本当？　いつもこういう形のは穿かないから自信なかったんだけど、良かった！」と喜んでくれました。

　流行のアイテムを買ってはみたものの、うまく着こなせるか不安……と内心ドキドキしている方も多いものです。そんな相手に、このほめ方を使うと、とても喜んでくれるはずです。

仕事関係の相手の場合

世の中の傾向を掴んでますね

例えば
こんなフレーズ

- 「○○さんは、世の中の傾向を掴む力がありますね」
- 「○○さんは、時代の先をいってますね」

先ほども説明したように、トレンドのアイテムを身につけている方は、常に最新の情報を収集する努力をされていることが多いです。そこで、その情報のキャッチアップ能力に注目してほめるというのも、おすすめです。

これは特に相手がビジネスマンの場合に有効でしょう。なぜなら、ビジネスマンにとって世の中の流れを読む力や、情報収集能力というのは、仕事の上でも役立ちます。そのため、このほめ方だとビジネスマンとしての優秀さをほめることにもつながるわけです。

また、このほめ方は、ファッションアイテムに限らず、どんな流行についても使えます。例えば、流行っている飲食店、売れている本、画期的な文房具などなど……。そう考えると、応用範囲の広いほめ言葉でもあります。

流行に敏感な方は、いろんなジャンルでの最新情報をご存じのことも多いので、このやり取りからいろいろと教えてくださるかもしれません。ぜひ、水を向けてみましょう。

Magicaal compliments

第2章

顔まわりをほめる

挨拶をする時、会話をする時など、人と会った時に必ず目に入る部分。それは顔です。ですから、相手の顔まわりを見ただけで次々とほめ言葉が出てくるようになれば、とても便利。ここでは、そんなほめ言葉たちを紹介します。

Magical compliments

1

フェイス

髭

職種・業種にもよりますが、最近はビジネスの場でも、髭を蓄えている方が増えてきました。髭は男性ならではの特徴の1つ。パッと見てすぐに目につく目立つものですから、ほめやすいパーツです。

褒めかた

髭を蓄えている相手の場合

おしゃれですね

例えば
こんなフレーズ

- 「○○さんの髭、いいですね」
- 「○○さんの髭は、おしゃれですね」

最近は増えてきたとはいえ、日本ではまだ髭を蓄えている人は少数派。そんな中で髭を蓄えている方は、それなりに髭にこだわりを持っているはずです。

無精髭でもない限り、髭をきちんと整えるには日常的なお手入れが必要ですから、何のこだわりもなく髭を蓄えている方はいないと思います。

ですから、まずは髭を蓄えていること自体をほめると効果的です。

気の利いたセリフでなくて構いません。「いいですね」「おしゃれですね」といったほめ言葉なら、どんな髭の長さ、スタイルの人でもほめることができます。

褒めかた

似合ってますね

最近、髭を生やした相手の場合

例えば
こんなフレーズ

●「○○さんはお髭、本当にお似合いですね」

髭を蓄えた男性というと、あなたはどんなイメージでしょうか？

「大人っぽい」
「落ち着いている」
「威厳がある」
「男らしい」

人によって多少違うかもしれませんが、だいたいそんなイメージではないですか？

これは、髭を蓄えている本人にとっても同じこと。髭を蓄えている人の多くが「こんなふうになりたい」という理想のイメージを持っています。

そこで効果的なのが、「お似合いですね」というほめ言葉。「こうありたい」という理想のイメージを持って髭を蓄えているのですから、

「髭の似合う人」と評価されて嬉しくないはずがありません。

　ただし、このほめ言葉は、あなたが相手のことを本当に髭が似合っていると感じた時以外には使わないこと。なぜなら、「髭があまり似合っていない」「髭がない方がいい」という感情がどこかにあると、人は思い切りほめることができないからです。そしてほめたとしてもどこか空虚になってしまいます。

　これは他のほめ言葉にも通じる大事なことですが、嘘はいけません。無理にほめようとすると、自分でも気づかないうちに気持ちが表に出てしまうものです。相手もそれを敏感に感じ取り、せっかくのほめ言葉が逆効果となってしまう可能性があります。


　この本を読めば、他にほめることができる部分が、きっといくつも見つかるはずです。いいと思わないところを無理にほめようとするよりも、いいと思えるところを心からほめましょう。

10代、20代の相手の場合

大人っぽいですね

例えば
こんなフレーズ

- 「○○さんの髭、格好良いですね」
- 「○○さんて、大人っぽいですね」
- 「○○さんの髭はワイルドですね」
- 「○○さんて、頼りになりそうですね」

先ほどの「似合ってますね」のバリエーションともいえますが、「大人っぽいですね」「頼りになりそうですね」などというほめ言葉も効果的です。

これは特に、10代、20代で髭がある人をほめる際にはおすすめです。若くして髭を生やしている人というのは、幼く見られたくない、少し背伸びをしたいと思って伸ばしていることが多いからです。

逆に、30代以上の相手には、「大人っぽいですね」と伝えてもあまり効果はないと思うので、注意して他のほめ言葉で伝えてみてください。

特徴的な髭を蓄えている相手の場合

個性的ですね

例えば
こんなフレーズ

- 「○○さんの髭って個性がありますね」
- 「○○さんみたいな形の髭を蓄えている方は、なかなかいらっしゃいませんよね。素敵ですね！」

男性の髭に対するこだわりというのは、女性の髪に対するこだわりと同じようなところがあります。

ロングヘアや凝った髪型というのは、手入れが大変ですよね。それにもかかわらず、そのような髪型をしている女性というのは、髪に強い思い入れを持っていると思います。

長い髭を蓄えていたり、髭を特徴的な形に整えている男性も、それと同じ。髭に強いこだわりを持っています。

ですから、そこをほめない手はありません。

ただし、注意したいのが言葉の選び方。「変わっている」とか「珍しい」といった表現をしてしまうと、場合によってはネガティブな意味に捉えられてしまうかもしれません。

こういう場合に便利なのが「個性的」という表現です。あるいは、最後に「素敵です」などポジティブな言葉を付け加えるのもいいでしょう。

Magical compliments

2

フェイス

髭のない男性

前項では髭を蓄えている男性へのほめ言葉を紹介しましたが、男性がみな髭を蓄えているわけではありません。そこで、今度はそれとは逆に、髭がない男性、きれいに剃っている男性へのほめ言葉の紹介です。

褒めかた

きれいに髭を剃っている相手

清潔感がありますね

例えば
こんなフレーズ

- 「○○さんは、いつもきれいにされていますね」
- 「○○さんのお肌はいつもつるつるですね。髭も丁寧に剃っていて、清潔感に溢れています!」
- 「○○さんの肌は髭の処理も完璧で、清潔そのものですね!」

髭がない相手をほめる際、「きれいにしている」「清潔感」があることをほめると効果的です。

私たちは幼いころからの生活習慣で、外出を行う時に身だしなみを整えます。男性なら、毎朝の当たり前の習慣として、髭の処理をすると思います。生まれつき髭が生えない人や、脱毛する人もいるようですが、その人たちを除けば、髭がないというのは、毎日手入れをしている証拠です。清潔感というのは職種に関わらず、ビジネスマンとしてはなくてはならない大切なポイント。ビジネス以外でも「清潔感がある人」というのは、たとえどこにいっても好感度があります。ほめるポイントとして、欠かすことのできない重要な要素です。

40代、50代の相手の場合

お若いですね

例えば
こんなフレーズ

●「○○さんは、お若いですね」

前の節で、髭を蓄えていると大人っぽく見えると説明しましたが、その逆パターン。これは特に、40代、50代の人におすすめのほめ方です。

実際に若く見られたいと思っているかどうかはともかく、40代以上の方で「お若いですね」といわれて悪い気がする人はいないと思います。私も今まで「お若いですね」と伝えて、ムッとされた経験は一度もありません。

ただ、当然ですが10代や20代の人に「お若いですね」と伝えても意味がありませんし、かえって「子供っぽく見られて面白くない」と感じられるかもしれませんので、注意してください。

また、若く見えるといっても、50代の方に「まるで30歳に見えます」と伝えるような極端な表現はやめましょう（本当に30歳に見える人には伝えてもいいかもしれませんが、そのような人はごく少数だと思います）。いくつに見えるかまでいわなくても、「お若いですね」という表現だけで十分伝わります。

年上、目上の人の場合

話しかけやすかったです

例えば
こんなフレーズ

●「○○さんとお話する時、話しかけやすかったです」

これはちょっと応用編的なひねった表現ですが「話しかけやすい」というのも、ほめ言葉になります。

想像してみてください。あなたが20代で、その日初めてお会いする50代の髭のある男性に話しかける。

どうでしょう？ 少し構えてしまいませんか？

このように、自分より相手が年上、目上の場合には、髭があるとそれだけでかなり貫禄が増し、少し話しかけづらい印象になります。仕事で毎日多くのお客様に接している私も、話しかける時に少し構えてしまいます。

先程と逆で、髭がないと、それだけで話しかけやすくなる。その点をほめるわけです。

「話しかけやすい」というほめ言葉には、初対面の際に、お互いの距離をグッと近づける効果もありますから、ぜひ活用してください。

Magical compliments

3

フェイス

メイク

メイクのことは、男性の方は、よくわからないと思うかもしれません。しかし、詳しくなければほめることができないかというとそういうわけではないのです。

ここで紹介するほめ方さえ知っておければ、ほとんどの人をほめることができます。

褒めかた

日常や仕事の場で

ナチュラルメイク、かわいいですね

例えば
こんなフレーズ

- 「○○さんのナチュラルメイク、かわいいですね」
- 「○○さんのメイク、美肌が活きてて素敵だね」
- 「○○さんの自然なメイクは、繊細なあなたにピッタリですね」

本や雑誌、インターネットで調べてみればわかりますが、昨今のメイクのトレンドといえば、断然ナチュラルメイクです。

これは、厚化粧に見えない、自然な感じのメイクのこと。世の中の多くの女性にとって、化粧が厚いと思われるのは、嬉しいことではありません。

ですから、メイクをほめる際、ナチュラルであることをほめると効果的です。

パッと見てノーメイクのように見えても、身だしなみとして、本当に何もしないで外出する女性はほとんどいません。男性の方は、「ナチュラルメイク」という言葉を覚えておいて使ってみてください。

ただし、イベントやパーティーの時などは、バッチリとメイクをしている女性が多いので、そういった場《ば》では別のほめ方をしましょう。

いつも雰囲気が違う相手の場合

メイクを変えましたか？

例えば
こんなフレーズ

●「○○さん、メイク変えましたか？」

いつも会っている人なのに、「あれ、今日はなんか雰囲気が違うな」と感じることはありませんか？

そんな時に使えるのが「メイクを変えましたか？」という言葉。

実はこの質問、相手の返事がイエスでもノーでも構いません。いずれの答えでも、次の言葉を返せばOKです。

「いつもと違って見えました。きれいですね」

きれいといわれて気を悪くする女性はいません。ただ、いきなり「きれいですね」というのはお互いの関係がない場合、唐突すぎる時があります。そこで、自然に「きれいですね」と伝えるための前フリ的な言葉として役立つのが、「メイクを変えましたか？」なのです。

ちょっと上級者向けのテクニックかもしれませんが、本当に伝えたい言葉を伝える前フリとして質問を活用するというのも、効果的な手法です。ぜひ覚えておいてください。

メイク上級者の場合

素顔が素敵だからメイクが映えますね

例えば
こんなフレーズ

●「○○さんのメイク、いいですね。素顔（元）が素敵だからですね」

私の友人に、美容部員をしている人がいます。美容部員とは、百貨店などでメイクのアドバイスをしながら化粧品を販売するお仕事。いわばメイクのプロです。

このようなメイク上級者の方をほめるのは、実は難しいこと。なぜなら、「素敵なメイクですね」と伝えても、「プロだから当たり前」と思われてしまうからです。

そこで一工夫。

「素顔が素敵だからメイクが映える」と、素顔の良さをほめてみましょう。

実際、メイクの上級者というのは、顔の難点を隠すことよりも、自分の顔の魅力を際立たせることに重点を置いています。ですから、素顔の良さをほめるのは、理に適っていることなのです。

また、恋人や夫婦、親しい友人など、素顔を知っている相手にも、このほめ方は効果的。使える相手は限られますが、素顔を知っているからこその説得力が生まれます。

Magical compliments

4

フェイス

髪型

相手の容姿をほめる時、何がもっともほめやすいかと聞かれたら、私は髪型と答えます。なぜなら、いろいろなほめ方があるからです。ここでは、その中でも、どんな髪型でもほめることができるほめ方をご紹介します。

初対面の相手の場合

今日の服装と合っていますね

例えば
こんなフレーズ

- 「○○さんの髪型は、今日の服装と合っていますね」
- 「○○さんの髪型は、ご職業のイメージにピッタリですね」

髪型をほめる際、いちばん使いやすいのが「○○と合っている」というほめ方です。

例えば「今日の服装とあっている」「ご職業に合っている」「このシチュエーションに合っている」といった具合ですね。

このほめ方が便利なのは、誰に対しても、どんな場面でも、たいてい使えるという応用範囲の広さがあること。

特におしゃれな髪型をしている相手でなくても構いません。身だしなみとして、たいていの人は髪を整えているでしょう。

例えば、スーツを着ているのに髪型がボサボサだったり、すごく奇抜な髪型をしている人は少ないと思います。女性なら髪の毛を束ねたり、まとめたりしていますし、男性も基本的にはすっきりと髪を整えている人が多いです。

そこをほめればいいのですから、おそらくほとんどの人をほめることができる言葉だと思います。特に、初対面の人と話す時の、きっかけ作りとしてもいいのではないでしょうか。

私もよくインターンでやってきた学生に最初に話しかける時に、「○○さん、今日からよろしくお願いします！　○○さんの髪型、今日のスーツと合っていて素敵ですね」などと伝えます。その一言で相手の緊張がほぐれたりしますので、とても重宝できますよ。

いつも会う相手の場合

今の季節にピッタリですね

例えば
こんなフレーズ

- 「○○さんの髪型、短くて涼しそうですね」
- 「○○さんの髪型、温かみのあるカラーでいいですね」

髪型のほめ方で、もうひとつ知っておくと便利なのが、「今の季節に合っている」というほめ方です。

どういうところを見て季節感を判断するのかというと、長さや色。

例えば、暑い季節になると短髪にする人が増えます。逆に、冬になると伸ばして、長めの髪型にするという人も多いと思います。

また、美容師の方からうかがったのですが、春が近づくにつれ明るいカラーにしたり、季節によって髪の色を変える人もいるようです。

そういった点に注目すると、割とどんな相手にも使いやすいのではないでしょうか。

暑くなる季節なら「○○さんの髪型、短くて涼しそう」「○○ちゃん、もしかして髪の毛少し明るくした？　夏らしくていいね」、秋冬なら「○○さんの髪型、温かみのあるカラーでいいね」といった具合に、よく会う相手でも季節ごとにほめることができますので、ぜひ活用してください。

髪型を変えた相手の場合

今のもすっごく似合うね
前のも好きだけど、

例えば
こんなフレーズ

●「○○さん、髪型を変えましたか？」

職場の方や友人、家族、常連のお客様など、普段から頻繁に顔を合わせている相手が髪を切ったり、髪型を変えたことに気づいたら、ほめるチャンス！

すかさず、「髪の毛、切りましたか？」「髪型を変えましたか？」と声をかけましょう。

ここで大切なのが、相手の返答がどんなものであれ、次のように続けること。

「前のロングヘアも好きだけど、今のボブもすっごく似合うね」

つまり、質問することで、ほめるきっかけを作るというパターンです。

髪を切ったり、髪型を変えた時というのは、まわりの反応が気になるもの。そんな不安を解消してもらえた上にほめられたら、誰だって嬉しいですよね。使えるチャンスは限られますが、効果は抜群の上級テクニックです。

また、ほめる時に「前も良いけど、今も良い」

という形でほめるのも、ちょっとしたポイントになっています。変化をほめる時には、このようにほめると、「前は良くなかったのかな？」と相手が不安になることを防げますから、ぜひ覚えておいてください。

Magical compliments

5

フェイス

髪

前の項目では髪型のほめ方をご紹介しましたが、髪型だけでなく、髪の毛そのものをほめることもできます。髪をほめる場合は、相手が男性か女性かでほめるポイントが変わってきますので、それぞれに分けてご紹介します。

相手が女性の場合

艶があってきれいですね

例えば
こんなフレーズ

●「○○さんの長い髪は、艶があって美しいの一言です」
●「○○さんの髪は、艶があってまるでシルクのようですね」

女性の髪をほめる際には「艶がある」という表現がおすすめです。なぜなら、世の中の多くのヘアケア製品が、艶を出す効果を謳っているから。それだけ多くの女性が、艶のある髪に憧れている証拠です。

特に、長い髪の女性は、髪のお手入れに少なからず手間をかけています。男性の方にはピンとこないかもしれませんが、髪が長いと、ドライヤーで乾かすだけでもかなり時間がかかり、お手入れに手間が必要となるのです。ちょっと手入れをサボると、すぐにボサボサになって、艶が失われてしまいます。

長い髪に憧れてはいても、お手入れのことを考えると伸ばせない、子供が生まれてから髪を切ったという女性も多いのが現実です。だからこそ、長く美しい髪の女性を見かけたら、ぜひその髪の美しさをほめてください。きっと、喜んでいただけるはずです。

褒めかた

相手が男性の場合

豊かな髪ですね

例えば
こんなフレーズ

- 「○○さんの髪ってふさふさですね」
- 「○○さんの髪の毛、いきいきしてボリュームがありますね」
- 「○○さんの髪は、健康的で豊かですね」
- 「○○さんの髪は、豊かでしっかりされていますすね」

男性の髪をほめる際は、若々しさや元気さをほめるといいです。

それでは、若々しく元気な髪とはどんなものでしょうか？

一般的には、髪の毛は加齢につれて細くなったり、量が減ったりして、全体にボリュームがなくなる傾向があります。ということは、その逆に、ハリやコシがあり、毛量も多いのが、若々しく元気な状態といえるでしょう。

ほとんどの男性は、女性のように髪の美しさにこだわったりしませんが、それは髪の毛についてまったく無関心だということではありません。男性向けのヘアケア用品を調べてみると、育毛効果に関心を持つ人が多いことがわかります。

これは必ずしも年配の方に限った話ではなく、人によっては30代くらいから髪のボリュームを気にする方もいるとのこと。まわりからはそうは見えなくても、本人は髪のことを気にしている人も多いということです。

だからこそ、男性には「ボリュームがある」「豊か」といったほめ言葉が効果を発揮します。明らかに頭髪が薄くなっていたり、坊主頭にしている相手は別ですが、そうでなければぜひ髪の豊かさをほめてみましょう。気にしている人は、特に喜んでくれると思います。

Magical compliments

6

フェイス

白髪

白髪というと、老けて見えるなど、
一般的にはネガティブなイメージ
があるかもしれません。しかし、
実は白髪も立派なほめどころ。
ちょっと見方を変えるだけで、い
くつでも素敵な部分を見つけるこ
とができます。

自然な感じの白髪の場合

飾らず自然で、素敵ですね

例えば
こんなフレーズ

● 「○○さんの髪は、飾らず自然で、素敵ですね」

人は誰でも、年を取れば自然と毛の内部の色素が失われ、白髪が増えるもの。そんな時、人の反応は大きくは2パターンに分かれます。

1つは、白髪を染めたり抜いたりして、目立たなくするパターン。

もう1つは、あるがままの自然な状態でいるパターンです。

これはその人の価値観の問題なので、どちらが良いとか悪いとかいう問題ではありません。ただ、白髪の方というのは後者のパターン、つまり「染めてごまかすよりも、飾らず自然のままがいい」という価値観の持ち主ということになります。

そこで、その点をほめるのが、白髪をほめる際の基本。相手が男女いずれでも使える、便利なほめ方です。

少し理屈を説明すると、これは相手の価値観に共感するタイプのほめ方になります。いくら自分では自然のままがいいと思っても、他人がどう思うかは別問題。普段はそんなことは考えていないけれど、相手からそこをほめられ、自然のままがいいという価値観に他人が共感してくれると、ホッとして嬉しいと感じるというわけです。

特に私自身は、白髪にはとてもいい印象を持っていて、いつか自分もあのように年を取りたいな、という憧れの気持ちを持っています。ですから、白髪の方は積極的にほめるようにしています。

手入れされた白髪の男性の場合

ロマンス・グレー、渋いですね

例えば
こんなフレーズ

- 「○○さんのロマンス・グレー、渋いですね」
- 「○○さんはロマンス・グレーでダンディですね」

ロマンス・グレーという言葉をご存じでしょうか?

これは、白髪交じりの魅力的な男性を意味する言葉です。ちなみに、この言葉を考案したのは、ソニーの創業者の盛田昭夫さんなのだそう。

一般的にはネガティブなイメージがある白髪も、ロマンス・グレーといい替えると、一転してポジティブな印象になります。ある種黒い髪の人よりも魅力的な存在に見えてくる一面もあるでしょう。白髪交じりの男性をほめるなら、このほめ言葉はおすすめです。

私の職場にも、時折ロマンス・グレーの言葉が合うお客様がいらっしゃいますが、そういった方々にロマンス・グレーといわれて喜ばなかった人はこれまでひとりもいませんでした。

白髪交じりの髪に、仕立ての良いジャケットや、帽子などを合わせている姿はとても格好良く、年齢を重ねた男性の魅力があります。知ら

なかった方もロマンス・グレーというほめ言葉、
ぜひ活用してください。

お手入れされていて美しいですね

手入れされた白髪の女性の場合

例えば
こんなフレーズ

●「○○さんの白髪は、お手入れされていて美しいですね」

「自然のままに白髪を受け入れているからといって、他人に魅力的だと思わたくない」という人はおそらくいないでしょう。でも、女性にはロマンス・グレーに相当するような便利な言葉がありません。

そこで使いたいのが、「手入れをされている」という表現です。

白髪になっても、髪は女の命。そんな思いで、くしを通し、毎日鏡の前で整えている祖母を見ると、こう思う女性は少なくないだろうなと思います。

そんな女性に出会ったら、ぜひその髪の素敵さをほめてみてください。きっと、とても喜んでくださるはずです。

実際、いくら髪が黒くても、手入れを怠り、パサパサ、ボサボサ、痛んでいると、魅力は半減。それよりも、きちんと手入れされた白髪の方が何倍も魅力的に見えるでしょう。少なくとも、私はそう感じています。

Magical compliments

7

フェイス

歯

昔、「芸能人は歯が命」というCMがありましたが、一般人であっても、歯は人の印象に大きな影響を与えます。最近では、家庭でできるホワイトニングの商品や審美歯科に通い、時間やお金をかける人も多いと聞きます。そこで、歯のほめ方をご紹介します。

歯並びがいい相手の場合

歯並びがきれいですね

例えば
こんなフレーズ

- 「○○さんの歯並び、きれいですね」
- 「○○さんの歯並びはまっすぐで美しいですね」

美しい歯、ほめられる歯とはどんなものでしょうか？

いろいろと条件はあるでしょうが、その1つとして間違いなく「歯並びの良さ」が挙げられるでしょう。

歯並びの矯正といえば、審美歯科治療の代表格。それだけ、歯並びを良くしたいと思う人は多いと思います。実は私もそのひとりで、学生の時に矯正をした経験があります（治したあとすっかり管理をしなくて大人になってもう一度治すことになりました）。

ですから、「歯並びが良い」というのは外すことのできないほめ言葉。その歯並びの良さが、生まれつきのものなのか、矯正した結果なのかは人によりますが、どちらにしても「歯並びが良い」とほめられて嫌な気持ちになる人はいないと思います。

歯が白い相手の場合

歯が白くてきれいですね

例えば
こんなフレーズ

●「○○さんの歯は、白くてきれいですね」
●「白い歯は、○○さんのチャームポイントですね」

歯並びの矯正と並ぶ、審美歯科治療のもう1つの代表格といえば、ホワイトニング。歯を白くする治療です。

歯医者さんで行うホワイトニングだけでなく、最近はホワイトニング効果を謳う歯磨き粉もたくさんあります。それだけ、白い歯はみなの憧れなのです。

ですから、「歯が白い」というのも鉄板のほめ言葉。

特に、歯は加齢と共にどうしても黄ばんできますので、それを気にしている年配の方はたくさんいらっしゃいます。それだけに、年配の方に「歯が白くてきれいですね」と伝えると、とても喜んでくださいます。

もちろん、若い方でも「歯が白い」といわれれば嬉しくないはずがありません。老若男女、誰にでも効果があるほめ言葉です。

笑顔の相手の場合

歯がきれいなので、笑顔がより素敵に見えますね

例えば
こんなフレーズ

●「○○さんは、歯がきれいなので、笑顔がより素敵に見えますね」

ちょっとひねった表現も紹介したいと思います。

たいていの人は、普段は口を閉じて過ごしています。つまり、歯というのは、普段は外側からは見えません。

では、相手の歯が見えるのは、どんな時でしょうか？

いろいろなシチュエーションが考えられますが、典型的なのは「笑った時」でしょう。笑顔の時にちらっと見える歯。そこをほめるのです。

このほめ方のいいところは、説得力があるところ。単に「笑顔が素敵ですね」と伝えるより、「歯がきれいなので」と理由をつけて伝える方が、相手に強く伝わります。

それに、「歯がきれい」と「笑顔が素敵」、2つのほめ言葉を組み合わせていますから、ダブルの効果が見込めます。

伝わると素敵な笑顔がかえってくることでしょう。

Magical compliments

8

フェイス

眼鏡

眼鏡をかけている方ならご存じの通り、ひとくちに眼鏡といっても様々なフレームがあり、選ぶのがけっこう大変だったりします。だからこそ、ほめられると嬉しいもの。単なる視力矯正の道具ではなく、顔のアクセサリーとして注目してみましょう。

色や形に特徴がある眼鏡の場合

おしゃれですね

例えばこんなフレーズ

- 「○○さんの眼鏡、おしゃれですね」
- 「○○さんのしている眼鏡、珍しい柄のフレームですね」

眼鏡をかけている人をほめる時には、まず、眼鏡自体に注目してみましょう。

ひとくちに眼鏡といっても様々なフレームがあります。フレームの色がカラフルなもの、凝った飾りがついたもの、変わった形をしたものなど、特に女性向けのフレームはかなりバリエーションが豊かです。

そのような眼鏡をかけているというのは、眼鏡を単なる視力矯正の道具ではなく、顔を飾るアクセサリーとして意識している証拠。そこで、相手がそのような眼鏡をかけていたら、「おしゃれですね」とほめてみましょう。

「眼鏡のデザインなんてわかんない」と思う人でも、難しく考えなくて大丈夫です。例えばフレームの色であれば、黒か茶のセルフレームや、シルバーのメタルフレームがスタンダードです。ですから、それ以外の色のフレームであれば、「その色、素敵ですね」と伝えればOK。ね、とっても簡単です。

顔や服に合っている眼鏡の場合

似合ってますね

例えば
こんなフレーズ

●「○○さんのかけている眼鏡、似合ってますね」

眼鏡をかけている人をほめる時には、眼鏡単体ではなく、顔や服との組み合わせに注目するのもいいでしょう。

たとえシンプルな眼鏡であっても、眼鏡と顔の大きさのバランスや、眼鏡と服の雰囲気のマッチングが良ければ、このほめ方が使えます。そう考えると、非常に使いやすいほめ方といえます。

実際、眼鏡をかけている方ならご存じでしょうが、自分の顔の雰囲気に合う眼鏡を探すのは一苦労だったりします。似たようなデザインでも、ちょっと大きさが違うだけで印象が変わってしまう。一見何の変哲もない眼鏡であっても、その眼鏡に行きつくまで、相当苦労しているかもしれません。

だからこそ、「似合ってますね」の一言が嬉しいのです。

ちなみに応用編としては、「○○さんは眼鏡をしていない時も素敵だけど、眼鏡姿もいいですね」という表現もあります。これは眼鏡をかけている時と、かけていない時の両方を知っている相手にしか使えませんが、その両方をほめる分、効果は絶大ですよ。

シンプルな眼鏡の場合

知的な感じですね

例えば
こんなフレーズ

●「○○さんは知的な感じですね」

眼鏡をしている人に対して、あなたはどんな印象を感じるでしょうか？

人によるかもしれませんが、一般的には「知的」「賢そう」「まじめ」「仕事熱心」といった感じでしょうか。

そういったポジティブな印象を伝えるのも、ほめ方の1つです。あくまで自分が受けた印象を伝えるのですから、相手がどんな眼鏡をかけていたとしても使えます。

それに、特に男性の場合、「知的」とか「賢そう」といわれて嫌な気持ちになる人はいません（「まじめ」は人によってちょっとネガティブに捉えるかもしれませんが）。まさに万能のほめ言葉ですから、ぜひ覚えておいてください。

Magicaal compliments

第3章

身体的特徴を ほめる

相手と会話する時に顔は誰でも注目しますが、それ以外の部分は意外と見ていないもの。しかし、顔以外にも相手をほめる部分はいくつもあります。ここでは、そんな顔以外の身体的特徴のほめ方を紹介しましょう。

Magical compliments

1

アイテム

女性の肌

肌もまた、対面している時に目に入りやすく、ほめやすいパーツの1つです。

ただし、女性同士であれば問題ないですが、男性が女性をほめる場合は、あらぬ誤解を受けないように、親しい相手に限って伝えてみてください。

同年代や年上の女性の場合

きれいな肌ですね

例えば
こんなフレーズ

- 「○○さんの肌はいつもきれいですね」
- 「○○さんの、つるつるの剥き卵肌に憧れています」

もしあなたが女性ならばおわかりだと思いますが、肌は女性の一大関心事。人によって程度の差はありますが、まったくスキンケアをしない女性というのは、ごく少数派だと思います。

それだけに、女性に対して肌をほめるのは効果的です。相手が興味があること、頑張っていることに対してほめる。これはほめ言葉の大原則です。

その際には、凝った表現はいりません。シンプルに「きれいですね」と伝えるだけでも十分。肌がきれいといわれて喜ばない女性はいません。私は今まで、何万人の女性に仕事でお会いしてきましたが、お伝えして、喜ばれなかったことは過去に一度もなかったので。

美容にこだわりがある女性の場合

キメが細かいですね

例えば
こんなフレーズ

●「○○さんの肌は、キメが細かいですね」

肌がきれいなことをほめる場合、「キメが細かい」という表現も効果的です。

日本の多くの化粧品会社が、キメが細かくなるスキンケア用品を展開しています。それだけ、多くの女性がそうありたいと願っている証拠です。

ということは、多くの女性にとって、「キメが細かい」といわれるのは嬉しいはず。

特に、美容に強い関心を持っている相手に対しては、「肌がきれい」という印象を伝えるより、「キメが細かい」という事実を伝えた方が、一層喜ばれるでしょう。それはそのために高価なスキンケア用品を使うなどして、努力をしている可能性が高いからです。

ヘアケア用品と同じく他にも、スキンケア用品の謳い文句を調べてみると、様々なほめ言葉が見つかると思います。ぜひ、研究してみてくださいね。

年下の女性の場合

赤ちゃんみたいな肌ですね

例えば
こんなフレーズ

●「○○さんの肌は、赤ちゃんみたいだね」

肌のきれいさを伝える表現として、「赤ちゃん肌」という言葉があります。

生まれたての赤ちゃんのような、角栓や毛穴がない、清潔に保たれた肌。

ぷにぷにとした弾力のある肌。

そんな赤ちゃん肌に憧れている女性は少なくありません。私もそのひとりです。

もっとも、この表現は、年上の相手に使うと、嘘くさくなってしまうかもしれません。ですから、基本的には自分より年齢の若い相手に使うといいでしょう。

年下相手に「肌が若くてぴちぴちしてるね」というと、場合によっては若さに嫉妬しているおばさんっぽくなってあなたの良さを消してしまうと困るので、「赤ちゃんみたいだね」という表現ならそんな心配はありません。便利な表現ですので、ぜひ覚えておいてください。

Magical compliments

2

パーツ

男性の肌

「肌をほめる」というと女性相手のイメージが強いですが、男性相手に肌をほめることもできます。男性はあまり肌をほめられる機会がないので、そこをほめると意外と効果的だったりします。

40代以上の相手の場合

シミやたるみがないですね

例えば
こんなフレーズ

- 「○○さんの肌は、シミやたるみがないですね」
- 「○○さんの肌は、ハリがありますね」

男性は女性と比べると肌には気を遣っていない印象がありますが、最近は男性用スキンケア商品市場も大きく育ってきており、意外と気にされている方も多いようです。

それでは、男性は肌についてどんな悩みをかかえているのでしょうか？

私が簡単に調べた結果ですが、シミが気になる人が過半数以上、たるみが気になる人は全体の4割近くということがわかりました。

シミやたるみがあると、なんだか一気に老けて見えることがあるでしょう。「いつまでも若々しく元気でありたい」というのは、男女に関わらず共通の願いのようです。

そこでぜひ使いたいのが、「シミやたるみがないですね」「ハリがありますね」というほめ言葉。特に年配の相手には、単に「お若く見えますね」というより、そのように具体的な部分をほめた方が、相手の心に響きます。「ほめる時はなるべく具体的に」というのも、大切なテクニックです。

　また、このほめ言葉に続けて「何かお手入れされているんですか?」と聞いてみるのもいいでしょう。最近はスキンケアにこだわっている男性も増えていますから、思わぬスキンケア話であなたの悩みを解決してくれるかもしれません。

　この時、相手が肌のお手入れされていなかったらどうしよう、と心配する必要はありません。たとえ特別な手入れをしていない場合でも、「そうかな、特には何もしてないけど。そういってもらえるとなんだか嬉しいな」といった感じで、相手も悪い気はしないはずです。

スキンケアにこだわっている相手の場合

すべすべですね

例えば
こんなフレーズ

- 「○○さんの肌ってすべすべですね」
- 「○○さんの肌は陶器のようです」

関心のないことには無頓着でも、興味があることにはとことん凝る。

そんな傾向が男性にはあります。

ですので、数は多くないですが、中には女性以上にスキンケアに詳しい男性もいます。

そんな相手には、ストレートに肌のきれいさをほめるのもいいでしょう。相手がこだわっている部分をほめるというのは、ほめ方の鉄則でしたよね。

言葉としては「すべすべ」「陶器のよう」といったあたりが、どの人にも使える便利な表現です。

ただし、多くの男性は肌をほめられることに慣れていませんから、相手との関係性によっては、このほめ方はかえって不快に感じる人もいるかもしれません。あくまで相手がスキンケアにこだわっているとわかっている場合にのみ、使うといいでしょう。

Magical compliments

3

パーツ

日焼けした肌

「色の白いは七難隠す」という言葉があるくらい、日本では昔から色白な肌が好まれる傾向があります。でも、逆にきれいに日焼けした小麦色の肌も、それはとても魅力的なものです。ここでは、そんな日焼けした肌のほめ方をご紹介します。

一般的な関係の人の場合

健康的ですね

例えば
こんなフレーズ

- 「○○さんの日焼けされた肌、健康的ですね」
- 「○○さんの健康的な肌は、いつ見ても素敵ですね」

小麦色の肌は、太陽光をたっぷり浴びた証。夏のビーチやアウトドアのレジャーなど、元気で活発なイメージを連想させますね。

そこで、日焼けをしていることをほめる場合には、「健康的」とほめるといいでしょう。

実際、日焼けしている方は何かの運動をされていることが多いです（今は少ないでしょうが、中には日焼けサロンで肌を焼いている方もいるかもしれませんが……笑）。

私の知人も、先日会った際に日焼けをしていたので「健康的な肌ですね！　何か運動をされているんですか？」と尋ねたら、嬉しそうに休日にジョギングを始めたことを教えてくれました。そこからひとしきり、ジョギング話で盛り上がったことはいうまでもありません。

ちなみに、特に運動をしていなくても、適度に太陽光を浴びる自体が健康に良いということは、医学的に証明されています。セロトニンの分泌を助け、睡眠の質を高め、体内時計を調節したり、鬱病を予防したりいった効果があるのだそうです。そういう意味でも、「健康的」という表現は間違いないのです。

親しい人の場合

セクシーですね

例えば
こんなフレーズ

- 「○○さんの日焼けした肌は、セクシーですね」
- 「普段白い○○さんもいいけど、小麦色の○○さんはなんだかセクシーだね」
- 「○○さんのその日焼けが、一段とセクシーですね」

日焼けした肌は、夏や南国の情熱的な雰囲気もイメージさせます。

そこで、「セクシー」というほめ言葉を使うのもおすすめです。変な意味に誤解される可能性もあるので、誰にでも使える表現ではありませんが、親しい間柄の相手に使えばグッと距離を近づけてくれるでしょう。

特に、普段は日焼けしていない人が日焼けしていたら、このほめ言葉を使うチャンス。

「普段白い○○さんもいいけど、小麦色の○○さんはなんだかセクシーだね」

そんな一言から、楽しい会話が始まるでしょう。「普段の○○もいいけど、今の××もいいね」という二重ほめのテクニックを使うのがポイントです。

年上の人の場合

若々しいですね

例えば
こんなフレーズ

- 「○○さんの、その日に焼けた肌は、若さの象徴ですね」
- 「○○さんの日焼け、若々しいですね」

これは「健康的」というほめ言葉のバリエーションともいえますが、「若々しい」という表現もおすすめです。特に40代以上の相手には、「健康的」というより「若々しい」といった方が喜ばれるでしょう。

私の職場にも、50代で、いつも日焼けした方がいます。その人に「○○さんの日焼け、若々しいですね」と伝えると、サーフィンが趣味で、休日になると海に行き、波に乗るのが日課なんだと教えてくれました。

「こう頻繁に行っていると、全然白く戻らないんだよね」

いつも口数が少ない彼が、そう答えて太陽のように笑ってくれたのが、とても印象に残っています。

Magical compliments

4

パーツ

細身の人

一般的には、「痩せている」「細身」というのはほめ言葉。でも、痩せている当人はそれをコンプレックスに感じていることもあります。体型に関しては直接的ないい方は避けた方が無難です。そこで直接的な言葉を使わないほめ方をご紹介します。

筋肉質の人の場合

引き締まってますね

例えば
こんなフレーズ

- 「○○さんの身体、引き締まってるね」
- 「○○さんの引き締まった足首、素敵ですね」
- 「○○さんの引き締まった身体は、魅力的ですね」

ひとくちに「痩せている」といっても、様々なタイプの方がいらっしゃいます。その中でも筋肉質のタイプの相手には「引き締まっている」とほめるといいでしょう。

その上で、「何か運動をされているんですか?」と質問してみるのもおすすめです。実際、痩せていてもきちんと筋肉がついているタイプの人は、身体を絞るために何らかのトレーニングなどをしていることが多いですから、「実は……」と、話が広がるかもしれません。

また、もし仮に何もされていなかったとしても、「引き締まっている」といわれて悪い気がする人はいませんから、心配はいりません。

先日も、細身の同僚との会話で何気なく「○○さんの身体、引き締まってるね」と伝えたところ、「そうかな。別に何もしていないんだけど……でも、これを機に筋肉もつけようかな」

と筋トレの話で盛り上がりました。何がきっかけになるか、わからないものですね。

女性の場合

すっきりしてますね

例えば
こんなフレーズ

- 「○○さんは、すっきりした体型ですね」
- 「○○さんはすっきりした体型で、うらやましいです」
- 「○○さんはすっきりした体型だから、いろんな服を着こなせますね」

痩せていて、特に筋肉質でもない、という相手には、「すっきりしている」というほめ言葉がおすすめです。「すっきり」という表現にはポジティブなニュアンスがありますから、単に「痩せている」と表現するよりも、しっかりとほめていることが伝わります。

また、特に相手が女性の場合は、服の着こなしに関連づけてほめるのも有効です。

ファッションモデルにやせ形の方が多い（最近はそうでない方も増えてきましたが）ことからもわかると思いますが、やせ形体型の方がいろいろな服が似合いやすいものです。私の友人にも、スレンダーでおしゃれな人がいますが、彼女は個性的なデザインの服でも難なく着こなしていて、いつも感心してしまいます。

そのようなおしゃれな女性には、「すっきりした体型だから、難しい服も着こなせてうらやましい！」などと伝えると、とても喜んでもらえることでしょう。

年下の人の場合

動きやすそうですね

例えば
こんなフレーズ

- 「○○さんの身体は、動きやすそうでいいですね」
- 「○○さんは動きにキレがあるね」

細身ということは、贅肉がなく、身が軽いということ。そこで「動きやすそう」というのも、細身の人に使えるほめ言葉です。

必ずしも何かスポーツをやっている相手でなくても、身が軽いことには変わりありませんから、比較的誰にでも使える表現といえます。特に、年下や後輩など、元気の良さが求められる立場の人には適したほめ言葉でしょう。

「○○さんの身体は、動きやすそうでいいですね。僕は最近お腹まわりが気になってきました」

そんな一言で、「自分も気をつけ、頑張らねば！」とやる気を出してくれるかもしれません。

Magical compliments

5

パーツ

太めの男性

前項では細身の人のほめ方を紹介しましたが、それとは逆に、太めの相手のほめ方をここでは紹介しましょう。一般的には「太っている」というと、どちらかというとネガティブに聞こえますが、見方を変えればポジティブな表現もできます。

年上の人の場合

貫禄がありますね

例えば
こんなフレーズ

●「○○さんは、堂々としていて貫禄がありますね」

太めの男性をほめる表現の1つ目は「貫禄がある」です。

貫禄という言葉は、単純に身体が大きいだけでなく、威厳がそなわっている様をいいます。ですので、特に年上の相手に適していると思います。

ただし、ただ「○○さんは貫禄がありますね」というと、「それって太っているってこと?」と、うがった見方をされてしまう可能性もあります。ですから、身体の大きさ以外の理由も付け加えるのがポイント。例えば、次のような感じです。

「堂々としていて」
「物いいが悠然としていて」

このような一言を加えるだけで、「単に身体が大きいからだけでいっているわけではない」ということを伝えることができます。

同世代の人の場合

頼りになります

例えば
こんなフレーズ

●「○○さんは、頼りになりますね」

身体が大きい人は、小柄な人と比べれば、力も強いことが多いもの。

そこで、「頼りになる」というのも良い表現です。特に男性は頼られることを嬉しく感じる人が多いですから、こういわれて嫌な気持ちになることはないでしょう。

あまり年下の相手には使いにくいかもしれませんが、同世代以上の男性であれば、おすすめの表現です。

私の職場にも、身体の大きい男性の先輩がいますが、力仕事ではやはり頼りになります。力が必要な時はつい頼ってしまうのですが、嫌な顔1つせずに力を貸してくれる、とても優しい先輩です。

もちろん、実際に何かお願いしたり、手伝ってもらった時には、感謝の言葉も忘れずに。その上で、「頼りになります」の一言を付け加えれば、喜んでいただけるはずです。

年下の人の場合

男らしい体格ですね

例えば
こんなフレーズ

●「○○さんは、男らしい体格をしていますね」

一般的に、女性に比べると男性は身体が大きいもの。つまり身体が大きいということは、男らしさの象徴でもあります。

そこで、「男らしい」という表現も、身体が大きい相手へのほめ言葉として使えます。

実際に身体を鍛えていて立派な体格をしている方はもちろんですが、単に身体が大きいだけでも男らしさを感じさせますから、比較的どんな相手にも使えるというのが、この表現の良いところ。特に女性から伝えるのであれば、相手が年下であっても問題なく使えるでしょう。

ただ、男性同士の場合は、ちょっと使いづらいかもしれません。そんな時は「良い体格」「体力がありそう」といい替えるなど、ちょっと工夫をしてみてください。

Magical compliments 6

パーツ

太めの女性

基本的に女性に対して体型の話題はセンシティブなので触れない方が無難ですが、稀にそういった話題になってしまうことも。そんな時でも、「痩せている方がきれい」という思い込みを捨てれば、いろいろなほめ方が浮かんできます。

一般的な相手の場合

雰囲気が柔らかいですね

例えば
こんなフレーズ

- 「○○さんの柔らかい雰囲気、とてもいいですね」
- 「○○さんは、安心感がありますね」

一般的に、痩せている人よりも太っている人の方が、穏やかで優しそうな性格というイメージがあります。実際の性格がそうとは限らないですが、曲線的で柔らかそうな外見の印象が影響しているのでしょう。

ともあれ、まわりの人に安心感を与え、まわりの雰囲気を和やかにするというのは大きな美点。そこをほめない手はありません。特に女性にとっては、母性的なイメージにもつながるので、好意的に捉えてもらえる表現です。

それに、人間には「ピグマリオン効果」といって、他人から期待されたキャラクターを演じようとする性質があります。

「○○さんは、雰囲気が柔らかいですよね。会うだけで安心します」

「○○さんと話すと、心の底からリラックスできます」

そんなふうにいってくれる相手には、よほどのことがない限り、優しく接しようと思ってくれると思います。

親しい相手の場合

女性的な魅力がありますね

例えば
こんなフレーズ

●「○○さんは、女性的で魅力がありますね」

脂肪というと悪いものと思いがちですが、脂肪がもたらす身体の丸みは、女性特有の美しさを生み出してくれます。そこで、その女性らしさをほめるというのも効果的です。

男性が使う場合は誤解を生む可能性もあるので、相手を選ぶ必要があるかもしれませんが、女性同士ならその心配はなし。

「○○さんて、女の私から見て女性としてとても魅力的です」

そんなふうにいわれて嫌な気持ちになる人はいないでしょう。

もちろん、あなたが男性であっても、ある程度親しい間柄の女性が相手であれば、大丈夫です。ただし、その際でも性的魅力とほめるというより、女性的な美しさを賞賛するつもりで伝えてください。

Magical compliments

7

パーツ

姿勢の良さ

意外に見落としがちですが、姿勢の良さもほめるポイント。パッと見てわかる部分だけに、初対面の相手でもほめることができます。単純に「姿勢が良いですね」と伝えるだけでもほめ言葉になりますが、ここではプラスアルファの表現を紹介しましょう。

親しい相手の場合

颯爽として目を惹きますね

例えば
こんなフレーズ

- 「○○さんの颯爽と歩く姿は、目を惹きますね」
- 「○○さんの姿勢は、とても良いですね。目を奪われました」

以前、フランスに旅行に行った際に、背筋をまっすぐ伸ばし、風を切るように颯爽と歩くパリジェンヌたちに目を奪われたことがあります。姿勢が良いと、スタイルが良く見えるだけでなく、若々しく健康で、自信に溢れているような印象を周囲に与え、とても格好良く見えます。

そこで、その格好良さをほめてみましょう。

この時、単に「格好良いね」「きれいだね」とほめてもいいのですが、「目を惹くね」というのも、ちょっとしゃれた表現でおすすめです。

実際、姿勢が良い人は、それだけで目を惹きます。私の友人にも、いつも姿勢の良い座り方をする人がいるのですが、彼女は仕事後に会った時も、電車に乗った時も、お酒を飲む時も、すっとした背筋で座っています。すると、なぜだか彼女のまわりの空気だけまわりの雑踏から切り離され、清々しい空間が生まれているように見え、遠くからでもよく目につくのです。私も常々見習わなければと思っています。

ちなみに、姿勢を良くすることには、単に健康的で美しく見える効果だけでなく、実際に健康や美容に良い影響を与える効果があるのだそうです。これは、試さない手はありませんね。

仕事関係の相手の場合

こちらもシャキッとします

例えば
こんなフレーズ

- 「○○さんの背筋のまっすぐ伸びた座り方は、こちらもシャキッとしますね」
- 「○○さんの姿勢の良さは、好感が持てますすね」

「背筋を伸ばす」という表現があります。「姿勢を正し、真摯な気持ちで対峙する」というような意味の表現です。

この表現からもわかる通り、姿勢の良さは、対峙している相手への敬意や礼儀正しさの表れともいえます。そこで、その礼儀正しさをほめるのもいいでしょう。特に仕事の場では、こちらのほめ方の方が適していると思います。

この時、上司や先輩、お客様など目上の方が相手であれば、「こちらもシャキッとします」「私も見習いたいです」といったような言葉を付け加えると効果的。それによって、こちらも相手に敬意を払っていることが伝わるはずです。

一方、部下や後輩など目下の人が相手であれば「好感が持てますすね」「好印象ですね」といった一言を付け加えるといいでしょう。相手からの敬意をきちんと受け取った、といったニュアンスになります。

いずれにしても、礼儀正しい相手には、こちらも礼儀正しく接したいもの。ぜひ自分も「背筋を伸ばして」声をかけてみてください。

Magical compliments

8

パーツ

声

アナウンサーなど話すことを仕事にしている人を別にすれば、意外とほめられる機会がないのが「声」。それだけに、ほめると効果的です。また、会話をすれば必ず相手の声を聞くことになりますから、初対面の相手でもほめやすいポイントでもあります。

初対面の相手の場合

良い声ですね

例えば
こんなフレーズ

- 「○○さんは、いい声ですね」
- 「○○さんの声は、とてもきれいですね」

実は、声をほめるなら「いい声ですね」「きれいな声ですね」といったシンプルなほめ方でも十分に効果的です。

なぜなら、自分の声というのは自分では聞こえないから。

録音した自分の声を聞くと、普段聞いている自分の声とは違う感じに聞こえた、という経験はないでしょうか？　これは別にマイクの性能が悪いとかそういう理由ではなくて、録音された声の方が正確なのです。

ご存じの方も多いでしょうが、人間の身体の構造上、自分が発した声は、いったん自分の外に出た音が再び耳に入ってくる以外にも、頭蓋骨や口腔などいろいろな部分を介して聞こえています。そのため、普段自分が聞いている「自分の声」は、まわりの人が聞いている音と同じではありません。

ですから、仕事などで普段から録音された自分の声を聞いているといった事情でもない限り、自分の正確な声を知っている人はほとんどいないのです。

　これはつまり、自分の声が良いと自覚している人はほとんどいないということ。そのため、声をほめられると「自分の知らない自分の良いところを見つけてもらえた」と感じ、嬉しく感じる人が多いのです。

　ですから、「あ、この人の声はいいな」と思ったら、ぜひそのまま素直に「いい声ですね」とほめてみてください。シンプルな表現ですが、男女、年齢に関係なく、すべての人に伝えることのできるほめ言葉です。

仕事の相手の場合

聞き取りやすいですね

例えば
こんなフレーズ

- 「○○さんの声は、聞きやすいですね」
- 「○○さんの声は電話越しでもわかりやすいですね」

声のほめ方の2つめは、聞き取りやすさをほめるという方法です。

この方法の良いところは、必ずしも声質が良くなくてもほめられるというところ。なぜなら、聞き取りやすさというのは、声質よりも滑舌に気をつけてハキハキ話したり、あるいは早口になりすぎないように落ち着いて話したりといった、話し方の工夫次第で変わるからです。

特に接客やセールスといったお仕事につかれている方の中には、気をつけていらっしゃる方が多いのではないでしょうか？

かくいう私も、子供のころから鼻にかかった、どちらかというと聞き取りにくい声質のため、仕事中はなるべくお客様に伝わりやすくなるよう、ハキハキ話すように意識しています。

聞き取りやすさをほめるということは、そういう努力をほめるということ。

ですから、このほめ方は、もちろんどんな相手にも使えますが、特にビジネスの場でおすすめのほめ方です。

好意がある相手の場合

色っぽい声ですね

例えば
こんなフレーズ

● 「○○さんの声は色っぽいですね」
● 「○○さんの声は、セクシーだね」
● 「○○さんの声は艶があって美しいですね」

声質をほめる場合に、単に「良い声ですね」というだけでは物足りないな……と思った時に使えるのが「色気」をほめる表現。これは「良い声の上級版」といったニュアンスになります。

実際、声が良いだけで、見た目も5割増しくらい魅力的に見えるものですよね。

ただし、この表現は誤解を生みやすいのが難点。ですから、相手との関係性を考えて慎重に使ってください。

特に異性が相手なら、よほど親しい間柄でない限り、避けた方が無難かもしれません。同性相手ならそこまで気にしなくてもいいと思いますが、それでも性的な表現にアレルギーを示す方もいらっしゃいますので要注意。初対面の相手や、あまり親しくない間柄の場合は、同性相手でも避けた方がいいでしょう。

ただ、そうしたリスクがある分、仲のいい相手や意中の人には効果がある表現です。声の色気をほめられる機会などそうそうあるものではありませんから、かなり印象深いほめ言葉になるはず。

伝えるシチュエーションも限られますが、カラオケに行って歌を聴いた時などは、比較的伝えやすいと思います。

Magical compliments

9

パーツ

香り

最近は女性に限らず、男性でも香水をつけているおしゃれな方が増えてきました。そこでここでは、香りについてのほめ方を紹介しましょう。ただし、いくらほめるためでも、相手の臭いをクンクンかぐのはマナー違反ですのでご注意を！

相手が女性の場合

優しい香りですね

例えば
こんなフレーズ

- 「○○さんはいつも優しい香りがしますね」
- 「○○さんの人柄に合った、優しい香りですね」

香りをほめる際の大原則。それは、シトラスやバラの香りといった、具体的な香りの種類には触れないということです。

これなぜかというと、正確に当てることがまず不可能だから。

そもそも香水やボディミストなどは、いくつもの香りを調合して作られています。さらに、人の香りというのは、香水だけではなく、シャンプーや衣類の芳香剤、そしてその人本来の体臭といったものが混ざっているものです。

そんな複雑な香りの種類をぴたりと当てるのは、調香師のような専門家であっても難しいことでしょう。

では、どうすればいいのか？

「優しい香り」「華やかな香り」というように、印象を伝えれば良いのです。これなら「自分がどう感じたか」なので、絶対に嘘にも間違いにもなりません。

その上で、「どんな香水をお使いなんですか?」などと質問すれば、話が膨らむことでしょう。

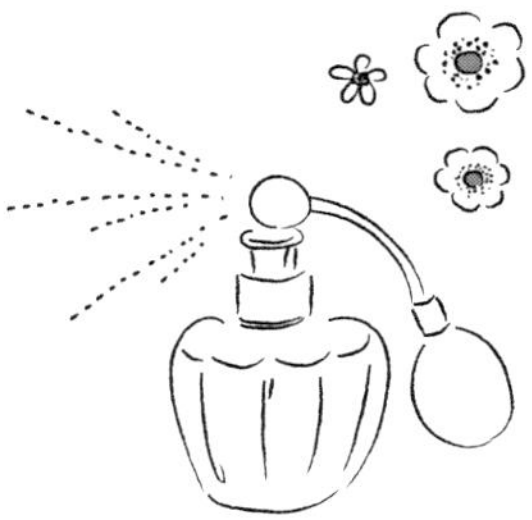

相手が男性の場合

さわやかですね

例えば
こんなフレーズ

- 「○○さんの香りってさわやかですね」
- 「○○さんって、笑顔も香りもさわやかですね」

これは香りの印象をほめることの一種でもありますが、香りについて使い勝手が良いのが「さわやか」という表現です。

「さわやか」という言葉は清潔感をイメージさせ、老若男女に好まれます。どなたにでも喜んでいただける言葉の1つです。

それに、さわやかな香りというのは、香水の香りに限りません。きれいに洗濯された衣服の香り、シャンプーや石鹸の香り、制汗スプレーの香りといったものも「さわやか」と表現できます。

つまり、香水類をつけていない相手にも使える表現ということです。

特に男性の場合、中には香水をつけるおしゃれな人もいらっしゃいますが、大多数の人はそうではないでしょう（臭いについては、臭くならないように気をつけていらっしゃると思いますが）。「さわやか」という表現なら、そうした相手にも使うことができます。

使用できる範囲がとても広い、便利な表現ですので、ぜひ活用してください。

自分も好きな香りの場合

私も好きな香りです

例えば
こんなフレーズ

- 「○○さんの香りってすごく好みです」
- 「○○さんの香り、いいですね。私も好きな香りです」

もうひとつ、香りのほめ方として「私も好きです」という表現があります。

これも香りの印象を伝えるほめ方の一種ともいえますが、ポイントは「私も」と共感を示していること。

自分が好きな香りでも、他人が好きとは限らない。ある人にとっては快く感じる香りであっても、別の人には臭く感じるというのは、よくある話です。

香りの好みは人それぞれですが、誰だって他人に臭いと思われたくはありません。だからこそ、共感を示されると、人は安心でき、嬉しくなります。

上級技として、他のほめ方と組み合わせて使うのもおすすめです。例えば、「優しい香りですね。私も好きな香りです」といった具合ですね。

Magicaal compliments

第4章

行動・性格・雰囲気をほめる

行動や性格は、ある程度付き合ってみて初めてわかる部分もありますが、パッと見た際の第一印象や立ち居振る舞いなどから感じ取れる場合もあります。外見だけでなく内面もほめることで、相手とより良好な関係を築けるようになるでしょう。

Magical compliments

1

パーソナル

運動をしている人

最近は、身体を動かすのが好きで行っている人の他に、健康のため、ジョギングをしたり、ジムやヨガに通っている人も多く、珍しいことではなくなりました。会話をしている中で相手が何かしらの運動をしていることがわかったら、ほめるチャンスです。

褒めかた

毎日運動されていてすごいですね！

最近始めたスポーツや、軽い運動している場合

例えばこんなフレーズ

- 「○○さんは朝、ジムに行かれてから出勤されているなんて、すごいですね」
- 「○○さんは、毎週欠かさずヨガに通っているんですね！　すごいです」
- 「○○さんは熱心に運動されていてすごいです！　自分もしなければと頭が下がります」

美容院で髪をカットしてもらっている時、いつも担当していただいている美容師さんが「毎朝、仕事前にジムに通っているんですよ」と話してくれたことがあります。

すかさず「ジムに行かれてから出勤されているなんて、すごいですね！」とほめると、彼は「いやー、ほめられると嬉しいですね。これからも頑張っていきます！」と口元をほころばせて喜んでくれ、ジムでのいろいろな様子を話してくれました。

このように、習慣的に運動している人に対しては、まずそのことをほめるといいでしょう。

そもそも何かを習慣化することはなかなか難しいものです。ましてや仕事や育児をしながら運動をするということは、学生の時ほど時間が限られているので、簡単なことではありません。しっかりと自己管理できている証です。ですから、まずはそのことをほめるのです。

　このほめ方なら、特に本格的な運動でなく、軽いストレッチのようなものであってもほめられますし、必ずしも長期間やっているものではなく、最近始めたものであっても習慣的にやっていればほめられますから、比較的使いやすいほめ方といえます。

長年続けている運動の場合

スポーツマンなだけに、動きがキビキビしていますね

例えば
こんなフレーズ

- 「○○さんは運動していることもあって、動きがキビキビしていますね」
- 「○○さんは運動をされているので、反射神経がいいですね」
- 「○○さんは鍛えていらっしゃるから、さすがスタイルが良いですね」

「彩さんは、バレエをやっているからか、動きが軽いですよね」

ある日、職場で後輩がそんなふうにほめてくれたことがあります。あまりいわれた経験がないことだったので、嬉しかったのと同時に、とても上手なほめ方だなと感心しました。単に「動きが軽い」とほめられただけではなく、「バレエをやっているからか」と関連づけてくれたことで、バレエをやっていることまでほめられた気がしたからです。

このように、2つのことを関連づけてほめるのは、その2つのことを同時にほめることになるので、とても効果的なほめ方です。相手がどんなスポーツをやっているのか知っている相手にしか使えませんが、効果は抜群です。

ちなみに、これはスポーツに限らず、趣味などと関連づけても使えます。例えば本を読むのが好きな相手なら、「〇〇さんは読書家なだけに、いろいろなことをご存じですね」といった具合です。

ただし、関連づける事柄があまり直接的だと、効果が薄れてしまいます。例えばプロの料理人に「さすが料理人だけに、お料理が上手ですね」と伝えても、「そんなの当たり前」と受け取られてしまうかもしれません。「いつも繊細なお料理を作られているからか、手先がとても器用ですね」といったように、間接的に関連しそうなことをほめるのがポイントです。

健康のためにしている運動の場合

プロ意識が高いですね

例えば
こんなフレーズ

- 「○○さんは、しっかり健康管理されていて、プロ意識が高いですね。見習いたいです」
- 「さすがスポーツマン、○○さんはいつも元気で頼りになりますね」
- 「○○さん、昨日は体調を崩していたのに、すごい回復力ですね」

運動をする理由は人それぞれですが、「健康のため」である人もたくさんいると思います。

体調管理は社会人の基本。人間ですから絶対に病気にならないということはありませんし、体調が優れないのに無理に働くよりは、しっかり休んで早めに直した方が良いと思いますが、あまり頻繁に病欠するようだと、そのフォローでまわりの人にも迷惑がかかります。病気にならないように努力するのは、一社会人として大切な心がけです。

私の職場にも、人一倍体調に気を配っている人がいます。我々の仕事は体力勝負のところもあり、食べものを扱いますから衛生面でも病気を押して働くなど厳に慎むべき職場なのですが、彼はもう何年も病欠したことがありません。だからこそ、彼は職場で絶大な信頼を集めています。

このように体調管理の一貫として運動をしている方の場合は、そのプロ意識をほめましょう。また、結果としていつも元気であること、体力があることをほめるのもとても良いです。

これは主に職場関係で使いやすいほめ方ですが、相手が社会人であれば誰にでも使えます。特に年配の方は健康のために何かしら運動をされていることが多いので、そのようなお話をうかがったら、ぜひこのほめ方を試してみてください。

Magical compliments

2

バーソナル

話がうまい人

ひとくちに「話がうまい」といっても、いろいろなうまさがあります。そこで、ここでは主なタイプ別にほめ方を紹介します。会話のあとにさりげなくこのような一言を付け加えると、効果的ですよ。

説明がうまい場合

わかりやすいですね

例えば
こんなフレーズ

- 「○○さんの話は素人でもわかりやすいです」
- 「○○さんは喩えるのが上手ですね」
- 「○○さんの聞く人のことを考えた話し方は、とても参考になります」

例えば士業の方やコンサルタント、セミナー講師の方などは、とてもお話が上手です。

といっても、必ずしも流暢に話せるということではありません。話し方は訥々としている方も少なくないのですが、説明がわかりやすいのです。

私にも士業の友人がいるのですが、彼もとても説明が上手です。そこである時「いつもわかりやすく説明できて、すごいですね」と感心してほめたところ、「職業柄、いつもどうしたら伝わりやすいかを考えているからね……」と照れたように笑ってくれました。

彼の言葉通り、他人にわかりやすく説明するのはなかなか難しいことです。

「どう表現したら相手にわかりやすいか」

「どんなふうに喩えたら、何の知識もない相手にも理解してもらえるか」

「専門用語を使わずに説明するにはどうした

らいいか」

　わかりやすい説明をできる人は、常にそういったことを考えて、聞き手のことを考えて話しています。

　ですから、説明がわかりやすい人に対しては、そうした努力をほめましょう。きっと「努力が報われた」と喜んでくれるはずです。

仕事のコミュニケーションがうまい場合

ロジカルですね

例えば
こんなフレーズ

- 「○○さんの話し方はとてもロジカルですね」
- 「○○さんの話は要点がまとまっていて、聞いていてとてもわかりやすかったです」
- 「○○さんは話が上手で何を伝えたいのかすぐにわかります」

ビジネスの場では、会話というのは情報伝達の手段。ですので、そのような場での話のうまさとは「無駄なく正確に伝えることができる」ということになります。

私の友人にも、この意味でとても話が上手な人がいます。私だと何度も思考し、紙に書いてまとめてからでないと話せないことを、頭の中で瞬時に考え、話を組み立て、伝えることができるのです。そのためには情報を整理し、結論を短くまとめ、その根拠を体系立てて説明できる能力が必要です。

そこで、そのようなタイプの方には、その頭の良さをほめましょう。

一時より聞かなくなりましたが、こういう人へのほめ方は、「ロジカル」がおすすめです。

論理的に思考する「ロジカル・シンキング」はビジネスマンの必須スキル。ビジネスマンにとっては「ロジカル」というのは十分ほめ言葉になります。

ただ、「ロジカル」という言葉がピンとこない人は、「要点がまとまっている」など具体的なポイントに注目してほめるのもおすすめです。

話が面白い

センスが良いね

例えば
こんなフレーズ

- 「○○さんは、本当に人を楽しませるのが上手ですね」
- 「○○くんは、人を楽しませる天才だね」
- 「○○さん、面白ーい！　ユーモアセンス抜群ですね！」

「話が面白い」というのも、話のうまさの1つのパターン。日常生活では、こんな場面がいちばん多いかもしれません。

こういうタイプの話がうまい人は、とにかく相手を笑わせるのが好きです。そのために、日々いろいろなネタを仕入れたり、話術を磨いていたりします。

ですから、素直に「面白ーい！」と笑う。シンプルですが、これが相手の期待しているリアクションであり、相手の努力に報いるほめ方でもあります。

職場の後輩にも、こういうタイプの人がいるのですが、自分の話が受けると、実に嬉しそうな表情をしています。笑ってもらうだけで彼は満足なのです。

ただ、そこに一言、何かほめ言葉を付け加えたいのであれば「センスが良い」とか「笑いの才能がある」という表現をすると良いでしょう。笑いというのは理屈ではなく感性の世界なので、あまり「○○だから面白い」と分析するようなほめ方は相性が良くありません。かえって白けてしまう可能性があります。

ですから、これに関してはいろいろと難しいことを考えない方が良いです。自分が面白いと思ったら笑って、「センスがいいですね！」とほめる。それがベストのほめ方だと思います。

Magical compliments

3

パーソナル

目立つ人

パーティーや会合など、たくさんの人がいる中でも、ひときわ目立つ人というのがいます。そのような人をほめる場合、「目立つ」と伝えると、悪目立ちしているのかと受け取られる場合もありますので、表現を工夫してみましょう

遠目からでも目立つ人の場合

華がありますね

例えば
こんなフレーズ

- 「○○さんは、華がありますね」
- 「○○さんは、輝いていますね」
- 「○○さんは、明るいオーラで溢れていますね」

目立つことを、よりポジティブな言葉でい い替えるなら「華がある」「輝いている」といった表現があります。

どちらかというと「華がある」は女性向け、「輝いている」は男性向けの表現でしょうか。もっとも男性に向けて「華がある」といって別に変ではありませんから、そこはあまり気にしなくても大丈夫です。

「華がある」「輝いている」というと顔立ちがきれいな人、スタイルがいい人、おしゃれな人といったイメージが強いかもしれませんが、とにかく社交的な人、身振り手振りが大きい人なども当てはまります。

要は、遠くから見ても、その人がいることがパッとわかるような人。そう考えれば、けっこう使える相手は多いのではないでしょうか。

そういったタイプの人は、人から注目されることが好きなことが多いもの。ですから、ほめればきっと喜んでくれるはずです。

いつでも会話の中心にいる人

場が明るくなりますね

例えば
こんなフレーズ

- 「○○さんがいると、場が明るくなりますね」
- 「○○さんの華やかさで、この場の雰囲気が変わりましたね」

集団の中で目立つ人のもう1つのパターンとして、その場の雰囲気をパッと明るくしてくれる人がいます。いわゆる「ムードメーカー」と呼ばれるタイプです。

必ずしも見た目が派手なタイプとは限りませんが、いつでも会話の中心にいて、その場を盛り上げてくれるので、結果として目立っています。あなたのまわりにも、見わたすとひとりはそういうタイプの方がいるのではないでしょうか。

こういう方は、一見細かいことは気にしないように見えることも多いのですが、実は意外と細かい気配りを欠かさない人だったりします。うまく場が盛り上がらなかったり、つまらなそうにしている人がいたりすると、密かに気にしていることも少なくありません。ムードメーカーの人は周りの人のことを考えてくれている人が多いのです。

　ですから、このタイプの方にはやはり「あなたがいるだけで場が明るくなる」ということを伝えると喜ばれます。特に見た目にも目立つ方なら「華がある」というほめ方と組み合わせて、ダブルでほめるのもおすすめです。

Magical compliments

4

パーソナル

物静かな人

ここでは、前項とは逆に、パッと見では目立たないタイプの方のほめ方を紹介します。

「目立たない」「地味」といってしまうと欠点に思えますが、視点を変えれば、何かしらほめるポイントは見つかります。

主に女性の場合

品がありますね

例えば
こんなフレーズ

- 「○○さんの仕草は、品があります」
- 「○○さんの食べ方は、美しいですね」
- 「○○さんは、お箸の使い方がきれいですね」

一目でわかるような派手さはなくても、よく見ると仕草の一つ一つが丁寧で細やかな人もいます。そういった方には、品の良さをほめると良いでしょう。男女どちらの相手にも使えますが、特に女性に向いているほめ方です。

仕草というのは無意識に行うものですから、ご自分の品の良さを自覚していない方も多く、最初はきょとんとされるかもしれません。しかし、「品が良い」とほめられて悪い気がする人はいませんし、自分が意識していない自分の美点を見つけてもらえるというのは、とても嬉しいものです。

ちなみに、このほめ方をする場合には、漠然と「品が良い」と伝えるよりも、「食べ方が」「お箸の使い方が」といったように具体的な行動をほめる方が、より効果的です。私はカウンターシェフという仕事柄、お客様がお食事される光景を日常的に目にしていますから、特にお食事中の仕草についてほめることがよくあります。

先日も、とてもお箸の使い方がきれいなお客様がいらっしゃったので、思わずほめたところ、「母がきちんとしつけてくれたおかげでしょうか」と嬉しそうにお母様の思い出話をしてくださいました。

品の良さというのは、一朝一夕に身につくものではありません。育ちの良さや、ご本人の長年の努力があって、初めてにじみ出してくるものです。品の良さをほめるというのは、そのような相手の人生をほめることにもなります。

目立つものではありませんが、ちょっとした仕草に表れますから、そこに気づいたらぜひほめてみてください。

主に男性の場合

落ち着いていますね

例えばこんなフレーズ

- 「○○さんは、いつも冷静にその場を観察していてすごいですね」
- 「○○さんの余裕がある感じ、とても素敵です」
- 「○○さんの落ち着いた雰囲気、すごく憧れます」

まわりが騒いでいても、一歩引いて静かにしている方がいます。会話の中心にいてその場を盛り上げるムードメーカーとは逆パターンの方です。

とはいえ、そういう人がその場を楽しんでいなかったり、まわりの人に無関心だったりするとは限りません。むしろ、その場を冷静に観察して、まわりの人に細々としたフォローをしていることも少なくないのです。

つまり、単に性格的に騒ぐのが苦手だったりするだけで、その場を楽しんでいることに変わりはないのです。表面的にはムードメーカーとは真逆のパターンに見えますが、本質的にはどちらもそれぞれのやり方でその場を楽しみ、気を配っています。

ですから、そんな方には、その冷静さをほめるといいでしょう。こちらも男女どちらの相手にも使えるほめ方ですが、特に男性に向いていると思います。

「冷静」だと冷たい感じがするならば「余裕がある」「落ち着いている」といった表現もおすすめです。特に目上の方や女性に伝えるならば、こちらの表現の方が好まれるかもしれません。

Magical compliments

5

パーソナル

気遣いできる人

何もいわなくても先回りして準備してくれていたり、さりげなくサポートしてくれたりと、何かと気が利く人がいます。自分が何かをしてもらった時には当然お礼を伝えるべきですが、その時に付け加えると効果的なほめ言葉を紹介します。

小さな気遣いに対して

気が利きますね

例えば
こんなフレーズ

- 「○○さんは、気が利きますね」
- 「○○さんの気遣いに、助けられました」
- 「○○さんならではの気配りですね」

まずは単純に「気が利きますね」とほめるのも有効です。

例えば、夏の暑い日に外から帰ってきたら、冷たいお茶を用意してくれていた。

何もいわないのに、重い荷物をさりげなく持ってくれた。

そんな時は、もちろん「ありがとう」とお礼をいうだけでもいいのですが、「気が利きますね」と一言付け加える。すると、いわれた相手は、自分の行為だけでなく人格まで認められた気持ちになれます。

助けてもらったことへの心ばかりのお礼として、自然にほめ言葉をプレゼントできるようにしたいものですね。

もちろん、自分が手助けされた場合だけでなく、誰かを手助けしている場面を見かけた場合にも、このほめ言葉をプレゼントするのがおすすめです。

ただし、「気が利く」という言葉は、自分より目上の方に使うと偉そうに聞こえてしまう可能性もありますから注意が必要です。そのような場合は、「お気遣い」「ご配慮」などの表現を使ってみてください。

優れた気遣いに対して

優しいですね

例えば
こんなフレーズ

- 「○○さんは、優しいですね」
- 「○○さんは、思いやりがありますね」
- 「○○さんは、人の気持ちを察するのが上手ですね」

私のカウンターシェフという仕事には接客も含まれていますから、お客様への細やかな気配りというのは非常に大切です。どうすればお客様に気持ち良くお食事を楽しんでいただけるか、日々考え、努力しています。

だからこそわかるのですが、気配り上手になるというのはとても大変なことです。様々なものが必要になります。

まずは、他人への優しさや思いやりといった気持ち。これがあって初めて生まれます。

それから、「この次に、相手はこうするはず」と先読みする能力。

さらに、「こんな時は、相手はこうしてほしいはず」と気持ちを察する能力も必要です。

これだけ多くのものが必要になるのですから、なかなか完璧な気配りというのはできません。私もまだまだ修行中の身です。

そして、だからこそ、その努力を認めてもらえると、とても嬉しく感じます。それは私に限らず、誰でも同じように感じると思います。

ですから、気配りが上手な人には、「優しいですね」とその気持ちをほめたり、「気持ちを察するのが上手ですね」と能力をほめたりするのが、とても有効です。そのようにほめられると、相手も「頑張って良かった」と報われた気持ちになるでしょう。

特に優れた気遣いに対して

紳士ですね

例えば
こんなフレーズ

- 「○○さんって紳士ですね」
- 「○○さんは、スマートな人ですね」

例えば、女性と一緒に歩いている時に、さりげなく歩幅を合わせてくれる。

車が横を通過する時に、サッと道路側に回ってくれる。

ドアを開け、女性が通り過ぎるまで扉を支えてくれる。

——そんな気遣いができる男性をほめるなら、「紳士的」という言葉をおいて、他にはないでしょう。

紳士（ジェントルマン）の本場・イギリスでは、ジェントルマンといえば、高い社会的地位にあり、それにふさわしい品格や振る舞い、精神性が身についている人物を意味します。貴族社会だからこそ生まれた、騎士道にも似た言葉であり、他人からジェントルマンと評されるのはとても名誉なことです。

日本では紳士という言葉にそこまでの意味はないかもしれませんが、やはり他人の見本になるような立派な人物というニュアンスはありますよね。ですから、「紳士ですね」といわれて喜ばない男性はいないでしょう。

ただ、言葉の意味的に相手が男性の場合にしか使えないというのが難点ではあります。現実的には、目上の男性以外に使うと違和感があるかもしれません。

そんな場合は、「スマートですね」という表現もおすすめです。これなら、相手が女性であっても使えます。

Magical compliments

6

パーソナル

自己主張が強い人

謙虚さが美徳とされる日本ではあまり好まれない傾向もありますが、見方を変えれば、自己主張をできることにはたくさんの美点があります。ここでは、そんな自己主張が強い人のほめ方を紹介します。

相手と意見を交換したい場合

意見がはっきりしていて、すごいですね

例えば
こんなフレーズ

- 「○○さんは自分の意見がはっきりしていて、すごいですね」
- 「思っていることをしっかり言ってくださるので、助かります」

鉄板焼きのシェフという仕事をしていると、お料理やサービスについてご要望がないか、お客様にうかがうことがあります。

そういった時には、どういったことが好みか、苦手であるかをなるべくはっきり伝えていただけると、そのお客様の意向に少しでも沿ったサービスを提供することができるので、良い結果を生みます。もちろん、中にはご要望に添えないケースもあるのですが、その場合も今後のサービスやメニューの改善に役立つので、ご意見をいただけるのはとてもありがたいことです。

このように、自分の意見を他人にはっきりと伝えられるというのは、自分のためだけでなく、相手のためにもなる側面があります。

これは何も接客の場面に限った話ではなく、

仕事の場面でも、プライベートでの友人関係にもいえることです。お互いの意見がはっきりわからなかったら、建設的なコミュニケーションを取ることは難しいです。

それに、自分の意見をはっきり表明するというのは、とても勇気がいることです。「もしかしたら否定されるかもしれない」という不安と戦いながら話してくれているのかもしれません。

ですから、まずはそのことをほめる。良いコミュニケーションは、そこから始まるのだと思います。

相手の主張に同意しない場合

信念を貫く姿勢、尊敬します

例えば
こんなフレーズ

- 「○○さんは芯が強いですね」
- 「○○さんは信念があって、いつ聞いてもブレないですね」
- 「○○さんの自分の意思を貫く姿勢は、見習いたいです」

私の勤務するホテルは海外のエグゼクティブのお客様も多く、また外資系の為、外国人スタッフもたくさん働いています。彼らと接していて感じるのが海外では、自己主張しないと「何を考えているかわからない」「自分がない」といったネガティブな印象を与えてしまう傾向が強いようです。

そういう意味では、自己主張が強いということは、それだけ自分の意見や意思、価値観がしっかり確立しているということでもあります。その点をほめましょう。

このほめ方の便利なところは、必ずしも相手の主張する内容に同意しないでもいいという点です。

「相手の意見と自分の意見は違うけれど、その信念を貫く態度には敬意を表したい」

そんな時は、このようなほめ方をするといいでしょう。

Magical compliments

7

パーソナル

自己主張しない人

前項とは逆に、ここではあまり自己主張をしないタイプの人のほめ方です。「自己主張しない」というと気の弱いネガティブな印象になってしまいますが、見方を変えれば、こちらも良い点がたくさん見つかります。

自分の意見にこだわらない人の場合

柔軟ですね

例えば
こんなフレーズ

- 「○○さんは、柔軟性がありますね」
- 「○○さんは、懐が深いですね」

他人の意見に反論しない。自己主張をせず、他人の主張を受け入れることが多い。

そういうタイプの人に対して、あなたはどんなイメージを持つでしょうか？　受け身な感じがして、良い印象はないかもしれませんね。

しかし、実際には必ずしもそうとは限りません。

例えば、私の職場に、お客様や上司のイレギュラーな要望にもほぼノーといわず、応える同僚がいます。その臨機応変な対応力に感心して、ある時「なんでそんなに柔軟に対応できるんですか？」と尋ねたところ、彼はこう答えてくれました。

「だって、『できない』と断ったら、その先は何も生まれないでしょ？」

彼にとっては、イレギュラーな要望は、自分ができることを増やせる、成長のチャンスなのだそうです。考えてみれば確かに、自分ができることしかやらなければ、なかなか新しい能力は身につかないかもしれませんね。

「一見無茶な注文でも、『どうやったらできるか？』と考えると、たいていどうにかなりますよ」

そういって笑った彼の姿が、とても頼もしく見えました。

このように、あまり自己主張しない人は、「自分の意見にこだわることなく、他人の意見を柔軟に取り入れて、より良い結果を求めるタイプ」であることも多いものです。心に余裕があって、物事を冷静に判断できる人でないと、なかなかこうはできませんよね。

ですから、このようなタイプの人に対しては、ぜひその柔軟さ、懐の深さをほめてみてください。それはほめるに値する姿勢だと、私は思います。

和を大切にする人の場合

人を立てるのが上手ですね

例えば
こんなフレーズ

- 「○○さんは人の意図をきちんと汲んでくれますね」
- 「○○さんは場を読む力がありますね」
- 「○○さんは相手の立て方が上手ですね」

「和を乱したくないから」「まわりの人も尊重したいから」
そんな理由で自己主張を控える人もいます。

自分の意見がないわけではないけれど、それよりも相手の気持ちや、その場の空気を大切にしたい。だからあえて自己主張しない人です。

そういう方は、端からは何も考えずに他人の意見に流されているように見えるかもしれませんが、決してそうではありません。むしろ、相手の気持ちを十分にくみ取ったり、その場の雰囲気を上手に察したりと、頭をフル回転させて、聞き役や調整役に徹しているわけです。

ですから、そのようなタイプの人には、その努力をほめるといいでしょう。具体的には、「他人の意図を汲める」「場の空気を読める」「相手の立て方がうまい」といった部分をほめると良いと思います。

自己主張することも大事ですが、互いに異なる意見をぶつかりあわせるだけでは話がまとまりません。一見地味でも、こうした調整役をしてくださる方の存在にも注目して、忘れずにきちんとその人の良さを伝えましょう。

威張らない人の場合

謙虚ですね

例えば
こんなフレーズ

- 「○○さんは謙虚ですね」
- 「○○さんは威張ったところがなくて、尊敬します」

「自己主張しない」というよりは「自慢しない」といった方が正確ですが、立派な実績や社会的地位があるのに、特にそれをアピールするでもなく、誰に対しても控えめな態度で接するタイプの方もいます。

こういった方には、その謙虚さをほめるといいでしょう。特に年配の方ほど「謙虚さは美徳」という価値観が強い傾向がありますから、喜ばれると思います。

もっとも、そういった方が謙虚な態度を取るのは、単純に謙遜しているだけとは限らないようです。

私の友人にも、すごく仕事ができて、大きな実績も出し、高い社会的地位も得ている方がいます。彼もやはり、他人に偉ぶることは決してありません。

そこである時、「とてもすごい人なのに、びっくりするぐらい謙虚ですね」と伝えたところ、彼は恥ずかしそうに笑いながら、こう答えてくれました。

「ありがとう。でも、私のまわりには、もっと優れている人がたくさんいますよ。私なんかまだまだです」

私には彼よりすごい人がたくさんいる世界なんて想像もつきませんが、やはりできる人は見ている世界、住んでいる世界が違うようです。そうした世界を知っているからこそ、自慢しようという気にならないのかもしれませんね。

Magical compliments

8

パーソナル

フレンドリーな人

ときどき、初対面でもあまり距離を感じさせないフレンドリーな人に出会うことがあります。フレンドリーさにもいくつか種類がありますが、ここでは代表的な2タイプについて、ほめ方を紹介します。

いつも笑顔の人の人の場合

こちらまで楽しくなります

例えば
こんなフレーズ

●「○○さんの笑顔を見ていると、こちらまで楽しくなってしまいます」
●「○○さんは愛嬌があって、まわりのみんなを笑顔にしてくれますね」

フレンドリーな人の代表格として、いつも笑顔で愛嬌のある人が挙げられます。

私の職場にも、いつも元気で笑顔の同僚がいます。特に面白い話をするわけでもないのに、その笑顔を見ているだけでなんだか楽しい気分になってくる、そんな人です。

親しみやすく、人に警戒心をいだかせない雰囲気があるので、お客様から話しかけられることも多いですし、スタッフの間でも愛されキャラで通っています。

それに、何をいわれてもニコニコしているので、たまに彼が失敗して上司や先輩が注意する時も、彼の笑顔を見るとガミガミ怒られるわけではなく「次から気をつけなさい」と軽い注意で済んでしまう。相手にイライラさせる気持ちを抱かせない。それは日頃の振る舞いがもたらすものです。

こういうタイプの人をほめるならば、やはりその笑顔や愛嬌をほめるといいでしょう。この時、単に「笑顔が素敵ですね」とほめるだけでもいいのですが、「こちらまで楽しくなります」などまわりに好影響があることを付け加えると、より効果的です。自分の笑顔が他の人の気持ちも明るくしているとわかれば、その人の愛嬌にもよりいっそう磨きがかかるでしょう。

頼り上手の人の場合

人懐っこさが魅力ですね

例えば
こんなフレーズ

- 「○○さんの人懐っこさには適わないな」
- 「○○さんは、つい応援したくなるタイプですね」

頼り上手や甘え上手というのも、フレンドリーなタイプの代表例の1つです。

会ってすぐに心を開き、何かと相談してくれたり、慕ってくれる。私の職場に配属された新人さんの中にも、そんな人がいました。

初対面から何かと頼ってくるような人は、ともすれば「図々しい」「馴れ馴れしい」という印象にもなりがちですが、彼女は違いました。なぜなら、ただ頼るだけでなく、その後のフォローもうまかったからです。

「彩さんのおかげで、できました。ありがとうございます！」

「やっぱり彩さんは頼りになりますね」

そんなふうに感謝されると、私も嬉しくなり、また助けたいなと思うのです。

そう、頼り上手はほめ上手。助けられた分、きちんとこちらをほめてくれます。

ならば、こちらもほめ言葉で応じたいところです。その人懐っこさ、かわいらしい魅力をほめてみましょう。

ほめ言葉同士のコミュニケーションで、ぜひ良い関係を築いていきたいですね。

ほめることは、相手の良いところを見つけることから始まる

ここまで読んでいただき、本当にありがとうございました。

少しでもお役に立つことができましたでしょうか？

さて、本書を読んで、掲載されているほめ言葉をいくつか実際に使ってみた方は、あることに気づかれたかもしれません。

それは、「『どうやってほめるか』よりも、『何をほめるか』の方が大切なのでは？」ということ。そして、「ものの見方を変えれば、ほめるポイントはいくらでも見つかるのでは？」ということです。

その疑問は、本質をついています。

実は、ほめ上手な人というのは、ほめ言葉をたくさん知っている人ではなく、ほめるポイントを見つけるのが上手な人なのです。本人が気づかなかったり他の人が見逃しているような相手の良いところを見つけて、ほめる。相手が言われたことのないようなその人の良さ、魅力を発見し伝える。そういうことができるようにな

ると、ほめ言葉としては「○○なところが素敵ですね」「○○なんてすごいですね」といったシンプルなもので十分事足りるようになります。

ただ、普段ほめ慣れていない人がいきなりその域に達するのは難しいかもしれません。そこで、本書では「ほめ言葉のボキャブラリーを増やすことで、『どういうポイントに注目してほめればいいか』の視点を増やす」というアプローチを取ることにしました。

ほめることとは、相手の良いところを見つけることから始まります。そして、良いところを見つけたら、それを素直に伝える。その結果、相手が笑顔になってくれる。


――これが、ほめるということの本質です。

難しく考える必要はありません。

相手をよく知れば、良いところはいくらでも見つかる

それでは、どうすれば相手の良いところを上手に見つけられるようになるのでしょうか?

そのためには、まず相手に関心を持ち、よく見て、よく知ることです。

相手をよく知れば、いいところが少なくとも

1つは見つかるはずです。

そして、不思議なものですが、相手の良いところを1つ見つけると、他にも良く思えるところがどんどん見つかるようになってきます。

これは、人間の「見ようとしているもの以外は見えない」という性質と関係しています。「あばたもえくぼ」ではないですが、1つ良いところを見つけると、それまで注意が向かなかった他の良いところにも気づけるようになるのです。

ですから、まず1つでいいので、相手の良いところを見つけるよう、頑張ってみてください。

すぐに見つからなくても、それは相手のことをよく知らないからかもしれません。あるいは、今までの価値観にとらわれ、視野が狭くなってしまっているために、良いところを見落としてしまっているのかもしれません。

頭の体操をするつもりで楽しみながらチャレンジしてみてください。

挨拶と同じように、ほめることを習慣にしよう

それから、ほめ上手になるには、習慣化することも大切です。

普段ほめない人が、改まった場面でほめよう

としても、気恥ずかしくなって躊躇してしまいがち、ともすれば、わざとらしく響いてしまうこともあるでしょう。それよりも、日常的に気軽な感じでほめる方が、ハードルはぐんと低いです。

ですから、ほめることを挨拶と同じように習慣にしてしまうのがおすすめです。

あなたも人に会った時に、「おはよう!」などと挨拶しますよね。その時、その後に一言、ほめてみる。

「お、今日も元気だね!」

「良い笑顔だね!」

相手をパッと見て気づいた、ちょっとしたことで構いません。こういう習慣を身につけておくと、そのうちにどんな場面でも無意識に相手の良いところを見つけ、自然とほめ言葉が口から出てくるようになります。

そんな「ほめ体質」になったらしめたもの。もう、あなたがほめ言葉探しに悩むことはなくなるでしょう。

お世話になった皆様に感謝を込めて

最後に、この本を執筆するにあたって、多くの方にお力添えいただきました。

私に出版するきっかけを与えていただいた、ネクストサービスの松尾昭仁様、大沢治子様、そして出版を通じて出会ったかけがえのない友人、先輩方。皆様の鋭いアドバイス、温かい応援がなければ、この本は完成しませんでした。本当にありがとうございます。

私を実の娘の様に、時に厳しく、そして温かく育てていただいた料理長、ホテルのみなさん、そしてお客様。この本は、皆様の日頃のご指導の賜物です。ありがとうございます。

幼いころからやりたいことにまっすぐな私を、サポートしてくれた父、母、妹、家族。みんながいなければ、今の私はありません。ここに書くことができないほど感謝しています。

そして、本書をお手に取っていただいた、あなた。私のつたない文章をここまで読んでくださって、本当にありがとうございました。

ここに改めて、皆々様に心よりの感謝をささげたいと思います。

２０１８年10月　仲亀 彩

著者プロフィール

仲亀　彩（なかがめ・あや）

1984年、山梨県生まれ。15歳から飲食店で接客業をはじめ、接客したお客様は国内外合わせて延べ10万人を超える。

関東学院卒業後、独学で調理の道に。都内の数店舗で修業をし、20代で現職である外資系一流ホテルの高級鉄板焼レストランでカウンターシェフに抜擢。また個人で世界各地の鉄板焼を学ぶ。

小学校への食育やNPO団体へのボランティア、孤児へのチャリティーなどをしながら、貧困や家庭環境に関わらず、こどもたちに安全で満足な栄養が与えられるような仕組みをつくろうと活動をしている。

Mail Address：ayanakagame@gmail.com
Facebook：http://www.facebook.com/aya.nakagame

◯企画協力：ネクストサービス株式会社　松尾昭仁
◯カバーデザイン：大場君人

お客様《きゃくさま》の心《こころ》をつかむ
魔法《まほう》のほめ言葉《ことば》事典《じてん》

発行日	2018年11月19日	第1版第1刷
	2019年 4月 5日	第1版第2刷

著　者　仲亀《なかがめ》　彩《あや》

発行者　斉藤　和邦
発行所　株式会社　秀和システム
〒104-0045
東京都中央区築地2丁目1−17　陽光築地ビル4階
Tel 03-6264-3105（販売）Fax 03-6264-3094
印刷所　日経印刷株式会社　Printed in Japan

ISBN978-4-7980-5334-9 C0030